AF370518

Félix Lope de Vega y Carpio

La esclava de su galán

Barcelona **2024**
Linkgua-ediciones.com

Créditos

Título original: La esclava de su galán.

© 2024, Red ediciones S.L.

e-mail: info@red-ediciones.com

Diseño de cubierta: Michel Mallard.

ISBN tapa dura: 978-84-1126-226-2.
ISBN rústica: 978-84-9816-830-3.
ISBN ebook: 978-84-9897-697-7.

Sumario

Brevísima presentación

La vida

Félix Lope de Vega y Carpio (Madrid, 1562-Madrid, 1635). España.

Nació en una familia modesta, estudió con los jesuitas y no terminó la universidad en Alcalá de Henares, parece que por asuntos amorosos. Tras su ruptura con Elena Osorio (Filis en sus poemas), su gran amor de juventud, Lope escribió libelos contra la familia de ésta. Por ello fue procesado y desterrado en 1588, año en que se casó con Isabel de Urbina (Belisa).

Pasó los dos primeros años en Valencia, y luego en Alba de Tormes, al servicio del duque de Alba. En 1594, tras fallecer su esposa y su hija, fue perdonado y volvió a Madrid.

Entonces era uno de los autores más populares y aclamados de la Corte. La desgracia marcó sus últimos años: Marta de Nevares una de sus últimas amantes quedó ciega en 1625, perdió la razón y murió en 1632. También murió su hijo Lope Félix. La soledad, el sufrimiento, la enfermedad, o los problemas económicos no le impidieron escribir.

Personajes

Don Juan, estudiante
Don Fernando, padre de don Juan
Antonio, criado
Leonardo, caballero
Pedro, de gorrón
Alberto, de soldado
Elena, dama
Serafina, dama
Ricardo
Finea, esclava
Inés, criada
Fabio, lacayo
Florencio
Notario

Jornada primera

(Salen Doña Elena, dama, y Don Juan, estudiante.)

Doña Elena	Esto se acabó, don Juan.
Don Juan	No es ese lenguaje tuyo, y de ese término arguyo que mal consejo te dan.
Doña Elena	Eso de argüir es bueno para escuelas.
Don Juan	Novedad. Elena, tu voluntad sin argumentos condeno.
Doña Elena	Confieso que la he tenido.
Don Juan	Qué mala suposición.
Doña Elena	Pues yo, don Juan, ¿qué lición, qué facultad he leído?
Don Juan	Aguardo la consecuencia.
Doña Elena	Habla como para mí.
Don Juan	¿Qué puedo hablar para ti con tan cansada licencia?
Doña Elena	¿Quieres que la tome yo y te diga lo que siento?

Don Juan   Prosigue, que estoy atento.

Doña Elena   ¿Pues has de enojarte?

Don Juan   No.   20

Doña Elena   Yo soy hija, don Juan, de un hombre indiano,
                  hidalgo montañés, muy bien nacido;
                  diome su luz el cielo mexicano,
                  que fue para nacer mi patrio nido.
                  Mas la fortuna, resistida en vano   25
                  por sucesos que ya los cubre olvido,
                  le trujo a España con alguna hacienda,
                  o persuadido de su amada prenda.
                  Divídese Sevilla, como sabes,
                  por este ilustre y caudaloso río;   30
                  senda de plata, por quien tantas naves
                  le reconocen feudo y señorío.
                  Es esta puente de maderos graves,
                  sin pies que toquen a su centro frío,
                  mano que las dos partes, divididas   35
                  por una y otra orilla, tiene asidas.
                  Hizo elección mi padre de Triana,
                  patria de algún emperador romano,
                  para vivir, la causa fue una hermana,
                  o por no se meter a ciudadano.   40
                  Finalmente, pagó la deuda humana
                  con su mujer, el venerable anciano,
                  dejándome, ni rica ni tan pobre,
                  que el sustento me falte ni me sobre.
                  Aquí he vivido con tan gran recato   45
                  que se puede escribir por maravilla;
                  pues que de Triana, verdad trato,
                  pasé dos veces solas a Sevilla.

Pienso que ansí mi condición retrato,
pues habiendo de aquesta a aquella orilla   50
paso tan breve a dividir sus olas,
a Sevilla pasé dos veces solas,
una con gran razón a ver la cara
del Sol de España, que nos guarde el cielo,
porque estando en Sevilla se agraviara,   55
si no la viera la lealtad y el celo.
Otra, por ver la máquina tan rara
del monumento a la mayor del suelo;
de suerte que fui a ver cuanto se encierra
de grandeza en el cielo y en la tierra.   60
Mas, como siempre en los mayores días
las desventuras suelen ser mayores,
tú, que tan libre como yo venías,
viste en mí la ocasión de tus errores.
Seguísteme a Triana, y las porfías   65
de tus paseos escribiendo amores,
aunque rasgué con justo enojo algunos,
mostraron lo que vencen importunos.
Yo te escribí para decirlo en breve,
y yo también te amé, porque entendía   70
que al casamiento que al honor se debe,
tu amor el pensamiento dirigía.
Con esto el necio mío ya se atreve
a darte entrada como a prenda mía,
entras con libertad y en este medio   75
hallo que es imposible mi remedio.
Dicen que vale cinco mil ducados
la prebenda eclesiástica que tienes,
y que ya de tu padre los cuidados,
no se entienden a más de que te ordenes.   80
Si tú pensaste que sin ser casados,
porque a Triana de Sevilla vienes,

tengo yo de perder el honor mío,
mal consejo te dio tu desvarío.
Ayer lo supe, y ese mesmo día   85
vino mi tío de Jerez, que estimo
por padre, el cual dispensación traía
para casarme luego con mi primo.
Y como yo tu ingratitud sabía,
a darle el sí, con lágrimas me animo,   90
y hoy parte por su hijo y por mi esposo,
porque dentro de un mes será forzoso.
¿Cuál hombre noble hubiera entretenido
una mujer de prendas con engaños,
habiendo de ordenarse, aunque hoy han sido   95
claros de tu maldad los desengaños?
Pensásteme burlar mi honor vencido,
pues si gastaras infinitos años
en locuras de amor, no me vencieras
si Ulises fueras, si Narciso fueras.   100
Yo estoy, don Juan, resuelta, y es más justo,
como estado tan alto, que te ordenes,
porque es razón, y es de tu padre gusto.
De renta, cinco mil ducados tienes.
Yo perdono el engaño, aunque fue injusto,   105
que un pecho de traiciones ofendido
volando pasa desde amor a olvido.

Don Juan   Elena, a tantas verdades,
                  ¿qué respuesta darte puedo,
                  pues que todas las concedo   110
                  sin poner dificultades?
                  Mas, ¿por qué te persuades
                  que mi verdad te engañó?,
                  pues cuando te quise yo,
                  ni la prebenda tenía,   115

ni más que amarte sabía,
que es lo que amor me enseñó.
Mi padre alcanzó después
la renta de que yo estaba
seguro, cuando buscaba   120
más bien ni más interés
que merecer esos pies;
Dios sabe si lo sentí;
y si parte no te di
fue porque no quise, Elena,   125
que partiéramos la pena
que era sola para mí.
Pasó adelante mi amor
encubriendo mi desdicha,
no empeñándote a más dicha   130
que algún honesto favor;
pero si por ser traidor
tomas venganza en casarte,
bien puedes desengañarte
de que amor me ha permitido   135
que me hubiese sucedido
con que poder obligarte.
¿Ves la renta y ves también
de mi padre el justo enojo?,
pues de todo me despojo,   140
aunque mil muertes me den.
¿Será entonces querer bien,
o mentira si me obligo,
para cumplir lo que digo?
Mira si es prueba de fe,   145
pues todo lo dejaré
y me casaré contigo.
¿Puede hacer mayor fineza
un hombre por lo que adora?

¿Creerás entonces, señora,   150
lo que estimo tu belleza?
Dirás tú que es más riqueza
ser, Elena, mi mujer,
y sabré yo responder
que aun el propio ser perdiera,   155
si no siendo, ser pudiera,
que fuera tuyo, sin ser.
Pues quien dijera por ti
el propio ser en que vive,
no hará mucho en que se prive   160
de lo que es fuera de sí.
Yo voy a hablar desde aquí
a quien licencia nos dé.

Doña Elena   Detente.

Don Juan   Ya no podré.

Doña Elena   ¿Qué intentas?

Don Juan   Tú lo verás.   165

Doña Elena   ¿Loco estás?

Don Juan   No puedo más.

Doña Elena   Mira tu honor,

Don Juan   ¿Para qué?

Doña Elena   ¿Tanta renta no es error?

Don Juan   ¿No has visto un niño que viene

a dar un doblón que tiene   170
porque le den una flor?
Pues haz cuenta que mi amor,
que amor en nada repara,
como el ejemplo declara
si lo que ve le contenta,   175
es niño y deja la renta
por el clavel de tu cara.

(Vase.)

Doña Elena   Aunque es verdad que también deseo,
              quiero tanto a don Juan, que me ha pesado
              de que quiera entrar precipitado,   180
              esta locura por mi humilde empleo.
              Pero el grande peligro en que me veo,
              amando amada sin tomar estado,
              animando el temor, templa el cuidado,
              y me parece que mi bien poseo.   185
              Gran fineza de amor, pero cumplida,
              tantas desdichas pueden ofrecerse,
              que en dejar a don Juan me va la vida,
              mejor es apartarse, que ofenderse.
              Que una mujer que quiere y es querida,   190
              ¿en qué puede parar sino en perderse?

(Vase, y salen Don Fernando, padre de Don Juan, y Antonio.)

Antonio   Como si fuera mía, me ha pesado.

Don Fernando Pues a mí no me da mucho cuidado;
              hacienda tengo, gracias a los cielos.

Antonio   Que no puedan armadas, ni desvelos,   195 contra aquestos rebeldes holandeses.

Don Fernando   Ayudan los ingleses,
mas no siempre suceden sus fortunas
con tal prosperidad, que si hay algunas
en su favor, nuestro descuido ha sido.   200

Antonio   El Draque muerto y a quien es vencido,
basta que agora a la memoria aplique.

Don Fernando   Más cerca, en Puerto Rico, el Conde Enríquez,
sin otras mil vitorias.

Antonio   En Cádiz y el Brasil, ¿qué os han tomado?   205

Don Fernando   Diez mil pesos serían, y han quedado,
gracias a Dios, cien mil; y solamente
para don Juan, mi hijo.

Antonio   Nadie siente
bien de vuestra elección, siendo tan rico.

Don Fernando   A la Iglesia le aplico,   210
y trato de ordenalle brevemente,
por causas que me obligan,
que no a todos es bien que se las diga.
Tiene de renta cinco mil ducados
que vale la prebenda, y mis cuidados   215
le llegarán a diez, a lo que creo.

Antonio   El estado es tan alto que su empleo
no puede ser mayor, pero quisiera
que vuestra casa subcesión tuviera,
dilatada a los nietos.

| Don Fernando | Este intento | 220 |

nace de aborrecer el casamiento.

| Antonio | ¿Por qué razón no es cosa justa? |

| Don Fernando | Y tanto,

que es sacramento santo.
Pero, pues sois mi amigo, estad atento,
que quiero, y es razón, satisfaceros.   225

| Antonio | Y yo escucharos más que reprehenderos. |

| Don Fernando | Pasé a las Indias, mozo y con hacienda.

Casé con una dama y, aun hermosa,
cansome, Antonio, como propia prenda,
que en conquistar mi amor no fue dichosa.   230
Llevando, pues, la edad suelta rienda,
me enamoré de una criolla airosa
y no muy linda, así en el mundo pasa,
por lo feo, dejar lo hermoso en casa.
Esto de los conjuros que sabía,   235
aunque es necia disculpa de casados,
de suerte enloqueció mi fantasía,
que el depósito fue de mis cuidados.
Tuve en ella a don Juan, que no tenía
hijos de mi mujer; con que elevados   240
quedaron mis sentidos, qué locura,
que quien todo lo acaba, no lo cura.

| Antonio | Admiración me ha causado

que bastardo sea don Juan.

| Don Fernando | ¿Qué pierde, rico y galán,   245

si el Rey le ha legitimado?

Antonio
¿Qué hace agora?

Don Fernando
Pasando
está en mi huerta.

Antonio
Estudioso
mancebo.

Don Fernando
Es tan virtuoso,
que siempre le estoy rogando   250
deje el estudio, y porfía,
y agora debe de ser,
porque presto ha de tener
un acto de teología.
Caso estraño, maravilla   255
rara que este mozo·sea
tan honesto, que no vea
una mujer en Sevilla,
habiendo tanta hermosura.
En esto no me parece   260

(Sale Leonardo, caballero.)

Leonardo
Justo parabién merece,
y ha sido mucha cordura.
Estoy, señor Don Fernando,
enojado con razón,
¿cómo en tan grande ocasión   265
os olvidáis, despreciando
la amistad y vecindad?

Don Fernando
De la plata que he perdido,

daros cuenta hubiera sido
pesadumbre, y no amistad.   270

[Leonardo]   De la plata no sé nada,
                pésame si os alcanzó
                parte, lo que digo yo
                es cosa en razón fundada,
                pues que casando a don Juan,   275
                lo hacéis con tanto secreto.

Don Fernando   Si es burla, ¿para qué efeto?

Leonardo   Burla si él y Pedro están
                pidiendo que, por temor,
                vuestra licencia le den   280
                sin que se amoneste.

Don Fernando   Bien,
                gracioso engaño.

Leonardo   Y mayor
                el no lo creer ansí,
                pues a el juez han informado
                que le mataréis airado   285
                si lo sabéis.

Don Fernando   ¿Don Juan?

Leonardo   Sí.

Don Fernando   ¿Vístelo?

Leonardo   Si no lo viera,
                ¿os lo viniera a decir?

(Salen Don Juan y Pedro de gorrón.)

Don Juan   En fin, ¿mandó recibir
                  nuestra información?

Pedro   Espera,   290
                  que está mi señor aquí,
                  no entienda lo que tratamos,
                  que en grande peligro estamos,
                  que si lo sabe, ¡ay de ti!

Don Fernando   Don Juan.

Don Juan   Señor.

Don Fernando   Yo pensé,   295
                  hijo, que pasando estabas
                  en la huerta.

Don Juan   De allá vengo,
                  tanto deseo que salga
                  este acto de teología,
                  para tu honor y mi fama.   300

Don Fernando   Bien dices, bien se confirma
                  con el cuidado que andas
                  de casarte, pues que ya
                  secreta licencia sacas.

Pedro   ¡Zape!

Don Juan   ¿Yo, señor, qué dices?   305

Pedro	Viuit Dominus que estaba,	
	quando intrabimus per portam	
	soplauerunt en la sala.	

Don Fernando	Hijo, no recibas pena,	
	ni las colores te salgan	310
	al rostro, que en dar estado	
	mucho los padres se engañan	
	contra el gusto de los hijos.	
	Dime, por Dios, si te casas;	
	que cien mil ducados tengo,	315
	tu padre soy, ¿por qué causa	
	fías tu secreto a un mozo,	
	y de tu padre te guardas?	
	¿Hay otra luz en mis ojos,	
	ni otros ojos en mi cara?	320

Don Juan	Señor.

Don Fernando	No te turbes, di.

Pedro	Confiesa, señor, ¿qué aguardas?
	advierte que decir que eres
	oculorum de su cara.

Don Juan	Señor, si verdad te digo,	325
	por tu gusto me ordenaba.	
	Yo no soy para la iglesia,	
	cásome con una dama	
	virtuosa y bien nacida,	
	aunque pobre.	

Don Fernando	Esas palabras	330
	han salido de tu boca	

sin que yo te saque el alma.
Fuera.

(Saca la espada.)

Leonardo   ¿Estáis en vuestro seso?,
                ¿para vuestro hijo espada?

Don Juan   Señor Don Fernando.

Don Fernando   Fuera.   335

Pedro   Cogebitur en la trampa.

Leonardo   Teneos.

Don Fernando   ¿Qué he de tenerme?,
                ¡vil bastardo!, ¿ansí se hallan
                cinco mil ducados?, ¡fuera!

Pedro   ¿Bastardos los padres llaman   340
                lo que ellos hacen?, que estotro,
                como él le hiciera en su casa,
                ¿qué le costaba salir
                más por mujer que por dama?

Don Juan   Señor, pues quisiste bien,   345
                cuando sin disculpa andabas
                con la madre que me diste,
                ¿por qué mis años infamas?
                ¿Tengo yo culpa de ser
                bastardo?

Pedro   Veritas clara.   350

Don Fernando	Ahora bien, por los presentes,	
	con la infame vida escapas,	
	vete de Sevilla luego,	
	que la hacienda que pensaba	
	dejarte, al primer convento	355
	la dejaré, por mi alma.	
	Hola, echadle esos vestidos	
	y libros por la ventana,	
	Idos, pícaro.	
Pedro	Señor,	
	yo no me caso.	
Don Fernando	Si a casa	360
	volvéis, yo os haré colgar	
	de una reja.	
Pedro	Qua de causa,	
	¿soy yo pierna de carnero?	
Don Fernando	Ea, los bastardos vayan	
	al Rollo de Écija.	
Pedro	¿Yo?	365
	Mas, que también me levanta	
	que nos hizo a los dos juntos.	
Leonardo	Mirad señor que se para	
	gente a escuchar vuestras voces,	
Antonio	Entraos señor, que ya basta.	370

(Éntranse y quedan Don Juan y Pedro.)

Pedro   ¡Buenos quedamos!

Don Juan   ¿Qué quieres?,
                  como eso los hombres pasan
                  por amor.

Pedro   Si fuera amor
                  persona, como es pantasma,   375
                  ¡que de veces me le hubiera
                  dado dos mil cuchilladas!
                  ¡Al Rollo de Écija a un hombre
                  que mañana se ordenaba
                  de vísperas!, vivit Dominus,   380
                  que ha de ir a Roma, eso pasa,
                  ¿qué habemos de hacer?

Don Juan   Morir.

Pedro   Las puertas cierran.

Don Juan   Cerradas
                  debe de tener también,
                  quien las cierra, las entrañas.   385

Pedro   Qué cerca estás de llorar.

Don Juan   ¿Pues de eso, Pedro, te espantas?
                  Ayer un coche y criados,
                  casa, hacienda, padre y galas,
                  y hoy cerradas estas puertas.   390

Pedro   Presto se abrirán, si llamas,
                  con decir que te arrepientes,

y que te ordenen mañana.

Don Juan	Aunque mil muertes me den,	
	de proseguir no dejara	395
	el casamiento de Elena.	

Don Juan   Aunque mil muertes me den,
             de proseguir no dejara   395
             el casamiento de Elena.

Pedro   Desde la Elena troyana,
             ha quedado por herencia
             quemar Troyas, perder casas.
             Mas quiero darte un consejo.   400

Don Juan   Cómo.

Pedro   Deja la sotana,
             y viste galas y plumas,
             finge que te vas a Italia
             y entra a pedirle la mano,
             que es padre y hará en el alma   405
             cosquillas de ausencia.

Don Juan   He visto
             gran crueldad en sus palabras.

Pedro   No creas en esas furias,
             pídele la mano y saca
             por fuerza una lagrimilla,   410
             que se la moje al tomalla,
             que tú le verás más tierno
             que una cocida patata,

Don Juan   ¿Y si no puedo llorar?

Pedro   Lleva la valona untada   415
             de la mano con cebolla,

y haz que te limpias, que basta
para que llores seis días.

Don Juan   ¡Oh, Elena!, ¡oh, bien empleada
pena! Ayude tu hermosura   420
el ánimo que desmaya,
ver lo que pierdo por ti.

Pedro   Ya arrojan por las ventanas
tus vestidos.

(Arrojan los vestidos y libros, y otras cosas.)

Don Juan   Bravo enojo.

Pedro   Anda la mar alterada   425
y aligeran el navío.
Voy a buscar mi sotana,
Don Juan
Ay, Dios, si se han de perder
de doña Elena las cartas,
y una cinta de cabellos.   430

Pedro   ¡Qué joyas!

Don Juan   Joyas del alma.

Pedro   Cierto que hay almas buhuneras,
pues andan siempre cargadas
de cintas y de papeles.

Don Juan   ¡Ay, mi Elena!

Pedro   ¡Ay, mi sotana!   435

Don Juan	¡Ay, papeles!
Pedro	¡Ay, greguescos!
Don Juan	¡Ay, mis cintas!
Pedro	¡Ay, mi cama!

Don Juan   Quien supiere que es amor,
apruebe mis esperanzas;
quien no, diga que estoy loco,   440
pues quedo con sola el alma.

(Vanse.)

(Salen Serafina, dama, y Ricardo, y Finea con manto.)

Serafina   ¿No me habéis de acompañar?

Ricardo   La vida, señora mía,
podéis, no la cortesía,
aborreciendo quitar.   445

Serafina   No son las calles lugar
para tratar casamientos.

Ricardo   Si se han de dar a los vientos
por vuestro injusto rigor,
¿desde dónde irán mejor   450
a sus propios elementos?

Serafina   Dejadme pasar.

Ricardo   Teneos,
            y no recibáis enojos,
            que por vida de esos ojos
            de no hablar en mis deseos.   455

Serafina   ¿Pues en qué?

Ricardo   Vuestros empleos,
            ¿eran materia sin mí?

Serafina   ¿Y que me diréis ansí?

Ricardo   Que estáis muy mal empleada.

Serafina   ¿Y estuviera mejorada   460
            en vós?

Ricardo   Presumo que sí,
            no porque haya en don Juan
            muy grandes merecimientos,
            vuestros altos pensamientos,
            mirad vós que fin tendrán,   465
            con quien mañana se ordena,
            pues, ¿qué loco amor condena
            una mujer principal
            a que se quede tan mal
            que se quede con su pena?   470
            Toda acción se comprehende
            del fin falso o verdadero;
            todo discreto, primero,
            mira el fin de lo que emprende,
            que lo que espera no entiende,   475
            disculpa tiene del daño,
            porque espero con engaño,

donde en fin oculto está,
mas, ¿qué disculpa tendrá
quien ama con desengaño?   480

Serafina   Yo, Ricardo, ya que os veo
conmigo tan declarado,
que en vez de vuestro cuidado
me decís mi propio empleo,
satisfaceros deseo.   485
Don Juan se crió conmigo,
fue su padre gran amigo
del mío y lo es de Leonardo,
mi hermano.

Ricardo   Más causa aguardo.

Serafina   ¿Qué mayor de la que digo?   490
Creció el amor con la edad;
porque, ¿quién imaginara
que tan presto comenzara
su oficio la voluntad?
Al principio fue amistad,   495
simple, honesta ignorancia,
pero la perseverancia
juntó las cosas distantes,
y desde amigos a amantes
no hay un paso de distancia.   500
Queríame bien don Juan,
pagábale yo también,
pero en medio de este bien,
que bienes presto se van,
o fue, como era galán,   505
admitido de otra dama,
cuyas perfecciones ama,

o yo le desagradé;
que aunque él lo niega, lo sé
que me aborrece y desama.   510
Hágole seguir de día
y de noche, caso estraño
que no tome el desengaño
quien tanto hallarle porfía,
ni en casa de amiga mía   515
largas visitas dilata,
ni con sus amigos trata,
ni le han visto hablar, ni ver,
en calle o campo mujer,
y con tibiezas me matas.   520
Muerta entre tantos desvelos,
sin saber qué puede ser,
soy la primera mujer
que tiene celos sin celos.
Asegura mis recelos   525
con regalarme y jurar,
en oyéndome quejar;
pero en materias penosas
no hay cosas más sospechosas
que el jurar y el regalar.   530
Aquí viene la elección
de su padre, y aquí viene
pensar que el amor no tiene
amistad con la razón.
Bien sé que mi pretensión   535
ningún fin puede tener,
pero, ¿quién ha de poder,
amando, dejar de amar,
si hay tantas leguas que andar
desde amar a aborrecer?   540
Esta, pues habéis querido

saberla, fue la ocasión.
Pude amar por la razón,
Ricardo, que habéis oído,
pero no dar al olvido   545
tantos años de amistad,
que hay mucha dificultad
en mudar el pensamiento,
cuando está el entendimiento
sujeto a la voluntad.   550

Ricardo   Habeisme favorecido,
que un discreto desengaño
nunca hizo tanto daño,
como un engaño fingido.
Yo voy muy agradecido,   555
al bien que en esto me ofrezco,
mirad qué premio merece
quien le tiene por favor.
Y así, agradeciera amor
quien desengaño agradece.   560
Con esto, palabra os doy
no de no amaros, pues veo
ejemplo en vuestro deseo
y desengañado estoy.
Mas, no hablaros desde hoy,   565
en mi necia voluntad,
ni estorbar vuestra amistad,
quered a don Juan, que es justo,
porque no es amar con gusto,
donde no hay dificultad.   570
Que si venganza quisiera,
qué mayor que ver que amáis
donde el amor que empleáis
ni fin, ni remedio espera.

Rogaré al tiempo que quiera   575
templar esta ardiente llama,
no obligando a quien os ama,
los méritos que tenéis,
aunque licencia me deis
para querer a otra dama.   580

(Vase.)

Serafina   Cortés caballero.

Finea   Tanto,
             que lástima le he tenido.
             Fuerte desengaño ha sido.

Serafina   Toma, Finea, este manto,
             que no es tiempo de mirar   585
             en lo que no puede ser.

Finea   Notable cosa es querer.

Serafina   Más notable es olvidar.

(Sale Leonardo.)

Leonardo   Serafina.

Serafina   Hermano mío,
             ¿de dónde?

Leonardo   Vengo admirado   590
             de dos cosas, con razón.
             En casa de Don Fernando,
             la primera, que se casa

don Juan.

Serafina   ¿Qué don Juan?

Leonardo   No ha sido
                  sin causa el dudar el nombre.   595

Serafina   Decir que se casa, es caso
                  tan estraño, que no es mucho
                  dudar que don Juan, Leonardo.

Leonardo   ¿Don Juan, su hijo?

Serafina   ¿Es posible?

Leonardo   Debajo de hábitos largos   600
                  suele haber poco juicio.
                  Qué bien su padre ha empleado
                  lo que le cuesta el ponerle
                  a un estado tan alto.
                  Loquillo, ignorante, en fin,   605
                  un mozuelo enamorado
                  que arroja hacienda y honor
                  y estudio de tantos años,
                  por lo que mañana creo,
                  y aun hoy estará olvidado,   610
                  si lo tuviese esta noche,
                  como en el alma los brazos.
                  Lo segundo que me admira
                  no es el ver el padre airado,
                  porque es grande la ocasión,   615
                  pero el ver que llegue a tanto,
                  que después de haber querido
                  matarle, desesperado,

ha hecho con grande nota,
por las ventanas abajo,   620
echar su ropa y vestidos,
sus libros y cuanto hallaron
ser del pobre caballero.
Parece que te ha pesado.

Serafina   ¿Pues a quién no ha de pesar,   625
                y con más razón que a entrambos,
                que nos criamos con él?

Leonardo   Entra, que quiero que vamos
                a hablarle ésta tarde juntos,
                si vive, porque ha quedado   630
                de cólera casi muerto.

Serafina   Hasta agora fue mi daño
                un imposible de amor,
                ya es mayor, pues es agravio.
                Porque, ¿quién podrá sufrir   635
                los celos, desengañado?
                Que el amar un imposible,
                no ha menester desengaño.

(Vanse.)

(Salen Don Juan y Pedro, de soldados, con bandas y plumas.)

Don Juan   Ya vengo como tu quieres,

Pedro   Y como el tiempo lo manda,   640
                esto de plumas y banda,
                es hechizo de mujeres.
                Mucho se ha de holgar Elena.

Don Juan   Mi padre quisiera yo.
              ¡Ay, mi casa!, quién te vio   645
              de tantas riquezas llena
              solamente para mí,
              y agora te ve cerrada.

Pedro   Que la cólera pasada,
              todo ha de ser para ti.   650

Don Juan   No me des a conocer,
              Pedro, un hombre tan airado
              que mató, mal informado,
              la desdichada mujer.

Pedro   ¿Mal informado?

Don Juan   ¿Pues no?   655

Pedro   ¡Bien haya, amén, pues lo eres,
              quien sabe honrar las mujeres!

Don Juan   ¿Nací de las piedras yo?

Pedro   ¡Oh, sabrosos animales!,
              no es hombre el que os tiene en poco. 660

Don Juan   Yo, a lo menos, estoy loco.

Pedro   No todas nacen iguales,
              pero como no sean brujas,
              destas que andan a chupar,
              que es menester preguntar   665
              si son de pierna y de agujas;

y consuélate, don Juan,
de cuanto puedes perder,
que más perdió por mujer
no habiendo más de una, Adán.   670
¿Qué virtuosas, qué santas
disculpan aquella culpa?
Por Dios, que tiene disculpa
quien se pierde donde hay tantas.

Don Juan   ¡Ea!, acaba de llamar.   675

Pedro   A mí echaranme, señor;
yo tomaría, que olor,
aunque no fuese de azar;
pero temo algún cascote.

Don Juan   ¿Pues para qué me he vestido?   680

Pedro   El cuento viejo ha venido
aquí a pedir de cogote.
Juntáronse los ratones
para librarse del gato,
y después de un largo rato   685
de disputas y opiniones,
dijeron que acertarían
en ponerle un cascabel,
que andando el gato con él,
guardarse mejor podían.   690
Salió un ratón barbicano,
colilargo, hociquirromo,
y encrespando el grueso lomo,
dijo al senado romano,
después de hablar culto un rato: 695
«¿Quién de todos ha de ser

el que se atreva a poner
ese cascabel al gato?»

Don Juan   Ya entiendo, que haber venido
            ha sido, Pedro, invención,   700
            y el llamar, la ejecución.

Pedro   ¿No tienes apercebido
            el llanto para la mano
            cuando te la ha de besar?

Don Juan   Por eso no ha de quedar,   705
            si mi padre es hombre humano.

Pedro   Di que su esclavo serás.

Don Juan   Póngame un clavo, una argolla.

Pedro   Si no tiene hasta cebolla
            la valona, pondré más.   710

Don Juan   ¡Ha de casa!, ¡qué ocasión
            hoy en la calle perdimos!

Pedro   Muy emplumados venimos
            para pródigo y lechón.
            Tú, ni en vestido ni en cara,   715
            tu papel puedes hacer;
            que yo bien puedo tener
            plaza en cualquiera piara.

(Sale Don Fernando.)

Don Fernando   ¿Quién es?

Don Juan	Un hombre, señor,	
	que ya no merece nombre	720
	de tu hijo, pues es hombre	
	que no mereció tu amor.	
	Voy a Flandes a morir	
	entre fieros enemigos,	
	pues que no supe entre amigos	725
	y en tu obediencia vivir;	
	y aun ojalá que en Triana	
	me matara una pistola.	

Don Fernando	No es tu desvergüenza sola	
	la que hiciste con sotana;	730
	y que de plumas presumas	
	con estas puedes volar,	
	porque ya quedas de suerte	
	que solo pueden valerte	
	por la tierra o la mar.	735
	Vete, y en tu vida creas	
	que me has de volver a ver.	

Don Juan	¡Oh, qué presto has de saber	
	la muerte que me deseas!	
	Pero siquiera, señor,	740
	porque me has criado, mira	
	que no es nobleza la ira	
	y el perdonar es valor.	
	Solo te pido la mano	
	merezca tu bendición.	745

| Don Fernando | Donde no se da perdón, | |
| | es la bendición en vano. | |

Don Juan	¿Pues es posible, señor, que me dejas ir así?	

Don Juan

¿Pues es posible, señor,
que me dejas ir así?

Don Fernando

¿Y tú, parécete a ti   750
que me has dejado mejor?

Don Juan

No era yo para el estado
que tú me querías dar.

Don Fernando

Ni yo para transformar
un sacerdote en soldado,   755
que si de ti no me vengo
es porque aunque no lo fuiste,
basta que serlo quisiste
para el respeto que tengo.
Clérigo te imaginé,   760
y de haberlo imaginado,
ya tienes algo sagrado
con que luego te dejé.
Vete, y no pares aquí,
ni sepan tus desvaríos.   765

Don Juan

Ojos, no parecéis míos,
pues no me vengáis de mí.

Pedro

Dale cebolla, que ya
parece que se enternece.

Don Fernando

¡Qué poco el llanto merece   770
con quien ofendido está!

Don Juan

En fin, ¿me dejas ansí?

Don Fernando

Esto es hecho.

Don Juan	¡Qué rigor!	
Pedro	Dale cebolla, señor.	
Don Fernando	Vete, pródigo.	
Pedro	¿Y a mí no me oirás por su cochino hablando con reverencia?	775
Don Fernando	Más que incitas mi paciencia para hacer un desatino.	
Don Juan	Cuán de otra suerte aquel padre de familias recibió su hijo.	780
Don Fernando	Y lo hiciera yo, mas no es posible que cuadre aquí la comparación, que aquel vino arrepentido.	785
Pedro	Sí, mas no le has parecido en la debida porción.	
Don Fernando	Tenía parte en su hacienda, y esa no tiene don Juan.	
Pedro	¿Señor?	
Don Fernando	Quedo, ganapán.	790
Pedro	Dale cebolla.	

| Don Fernando | No entienda |
| | que ha de ver más esta casa. |

| Don Juan | Fuese. |

(Vanse.)

Pedro	Nada aprovechó,
	mas señas le he visto yo,
	y todo en efeto pasa. 795
	Otros hijos se han casado.

Don Juan	Sí, pero la bendición
	del padre, aunque haya perdón,
	es desgracia haber faltado.
	Ello ha de ser con su gusto, 800
	porque ansí lo manda Dios.

| Pedro | Pues volvámonos los dos, |
| | que yo sé también que es justo. |

| Don Juan | ¿Y Elena? |

Pedro	En Triana está,
	labrando una verde manga, 805
	para el venturoso día
	que casados juguéis cañas.

Don Juan	Camina, Pedro, a la puente,
	y pasemos a Triana,
	que grandes resoluciones 810
	no quieren grandes tardanzas.

Pedro

¿En fin, te casas?

Don Juan

¿Qué quieres?,
tengo la palabra dada.

Pedro

Otros tienen dadas obras,
y no cumplen las palabras.   815

Don Juan

Qué villano estuvo, ¡ay, cielo!

Pedro

Antes no, pues que le dabas
cebolla y nunca la quiso.

Don Juan

Camina, Pedro, a Triana.

(Vanse.)

(Salen Elena y Inés, criada.)

Elena

Las sombras de mi temor   820
no me dejan alegrarme
con cuanto dices que viste.

Inés

Propia condición de amantes,
quítase el crédito al bien,
con que dejas de gozarte,   825
mientras le admites dudoso.

Elena

¿Que viste Inés esta tarde,
para tanta dicha mía,
a don Juan mudado el traje?

Inés

Digo que le vi con plumas,   830
mira si puede mudarse

en más diferente forma
quien era ayer estudiante.

Elena
¡Ay, Dios!, si ya mi fortuna
se mostrase favorable   835
a mis deseos, mas temo
que al mejor tiempo me falte,
porque como no son justos,
no dejan asegurarme
en esperanzas que duren,   840
sino en penas que me maten.
¿Quién ha de pedir al cielo
que deje, para casarse,
un hombre tan alto estado,
tanta renta, honor tan grande?   845
¡Oh, amor!, que solo reparas
en tu gusto, porque haces
cosas injustas, dirás
que fue disculpa bastante
el haber nacido ciego.   850

(Salen Don Juan y Pedro.)

Inés
¿Llamaron?

Don Juan
Entra y no llames.

Pedro
¿Tomas ya la posesión?

Don Juan
Vengo, mi señora, a darte
satisfación de la fe
con que supiste obligarme.   855
Veisme aquí, si por ventura
asegurar deseaste

la esperanza de ser tuyo,
para que ya no se alaben
cuantos hicieron finezas,   860
que fueron con esta iguales.
¿Qué importa que desde Abido,
Leandro, el estrecho pase?
¿Qué mal se iguala al enojo
de un noble y airado padre?   865
Sacando yo la licencia,
Elena, para casarme,
probando que no tendría
efeto con publicarse,
no faltó quien se lo dijo,   870
aquí no es justo casarte.
Con pintar tigres, leones
y otras fieras semejantes,
sacó la espada, no pudo
por los presentes matarme.   875
Y porque llevaba yo
dos ángeles que me guarden,
cerró las puertas, en fin,
y mandó que me arrojasen
por las ventanas mi ropa.   880
Yo, pretendiendo probarle,
tomé el traje en que me ves,
y para partirme a Flandes
le pedí la bendición;
mas fue tan inexorable,   885
que no la pude alcanzar;
mas déjame que le alabe
de una cosa que en sus iras
me ha parecido notable.
No me ha echado maldiciones,   890
como muchos padres hacen

neciamente, porque a muchos
quiere Dios que los alcancen.
Esto me ha dado consuelo
y esperanza de gozarte   895
en paz dulce, prenda mía,
que algún día haremos paces.
Es justo acuerdo y es fuerza
por algún tiempo ausentarme
de Sevilla y dar lugar   900
a que este suceso pase.
Porque el mayor dura un mes,
al fin del cual a casarme
volveré a Sevilla alegre;
tú, en tanto, mira que pagues   905
esta fe, este amor; no puedo
pasar mi bien adelante.

Pedro   ¿Andamos con la cebolla
             tan tiernos que, en todas partes,
             lloramos sin ocasión?   910

Elena   Pensé, don Juan, alegrarme
             con verte, y estoy más triste
             habiéndote visto que antes.
             Todo el discurso fue alegre
             hasta llegar a ausentarte.   915
             Porque, ¿dónde habrá paciencia
             que para tu ausencia baste,
             siendo perderte de vista,
             no presumiendo que engañes
             una mujer que te adora?,   920
             Porque para no casarte
             no era menester dejar
             la riqueza de tu padre,

la dignidad de tu oficio,
dando lugar a que hable   925
toda esta ciudad de ti;
pero si es fuerza dejarme,
dime donde vas, mi bien.

Don Juan   El amor, Elena, es grande
que mi padre me ha tenido,   930
y aunque éste puede templarse
con el agravio, es muy cierto
que en mi ausencia ha de obligarle
a notable sentimiento
con que piadoso me llame.   935
Iré a la corte, y allí
escribiré por instantes
al mayor amigo suyo,
para que el perdón me alcance.
Vuelvo a firmar la palabra   940
de ser tuyo y, porque es tarde
para pasar atrevido
con las postas por su calle,
solo te pido...

Elena   Detente,
mi señor, que es agraviarme   945
pedirme fe, ni memoria,
porque primero que falte
a tantas obligaciones,
se verán las altas naves
deste río en las estrellas.   950
Y que las estrellas bajen
a ser de sus aguas peces
y, rompidos los cristales,
del cielo caerán sus polos,

	dividido el Sol en partes.	955
	¿Qué mujer debe en el mundo	
	amar tanto, aunque llegase	
	a perder por ti mil vidas?	

Pedro

En fin, Inés, hoy se parten
soldados los que ayer fueron   960
pacíficos estudiantes.
Así va el mundo.

Inés

¿A qué mano
picaron?, ¿pensarás darte
en aquel Madrid con plumas?

Pedro

¿Con plumas?, ¡qué disparate!   965
Mal conoces sopalandas.
Gorrón, echaba yo lances
famosos, que donde quiera
se cuelan los deste traje.
A dos veces de ver plumas,   970
lo que no pasa se sabe;
échanse mucho de ver,
mas ya mi amo se parte,
has de tener fe en ausencia.

Inés

Antes, Pedro, que me falte,   975
estará el Sol donde suele,
porque, ¿quién podrá quitarle
de donde le puso Dios?

Pedro

Estas sí que son verdades.

Don Juan

Mi bien, yo me voy, adiós,   980
que partirme apriesa nace

de que este tiempo que pierdo
para la vuelta se alargue.

Elena   El cielo vaya contigo,
Pedro, mira qué regales   985
a don Juan.

Pedro   Sin ti, señora,
no habrá regalo que baste.
¿Qué mandas para Madrid?

Elena   Que acuerdes, si me olvidare,
a don Juan.

Pedro   No me lo digas,   990
ni tanta firmeza agravies.

Elena   Abrázame, Pedro.

Pedro   Tente.
que harás que don Juan me abrase,
para quitarme el abrazo.

Elena   Celosa quedo y cobarde.   995

Pedro   ¿De qué?

Elena   De ver que se pone
el Sol que en mis ojos sale.
¿Que un Madrid y aquellos años,
qué lealtad quieres que guarden?

Fin de la primera jornada

Jornada segunda

(Salen Leonardo, Pedro y Don Juan.)

Leonardo	Antes fuera maravilla venir con menos cuidado.
Don Juan	Enojos de un padre airado me sacaron de Sevilla, y vuélvenme los deseos 5 de la ocasión a saber qué fin puedo prometer a mis dudosos empleos, para que vós, a quien tiene respeto por amistad, 10 rompáis la dificultad que a mis desdichas previene.
Leonardo	Yo no sé cómo ha de ser, don Juan, que podáis volver eternamente a su agrado, 15 porque después que a la corte os fuisteis, se ha procurado; pero con su pecho airado, no hay medio humano que importe, antes hablando le jura 20 que un esclavo ha de buscar a quién le piensa dejar su hacienda.
Don Juan	Estraña locura; hágame su esclavo a mí.
Pedro	No sino a mí, que podrá 25

con más propriedad.

Don Juan   ¿Que está
                  tan airado?

Leonardo   Ayer le vi
                  con tal determinación;
                  mas cómo fue, me decid,
                  en Madrid.

Don Juan   Llegué a Madrid,   30
                  Leonardo, en buena ocasión,
                  para entretener los ojos,
                  que el alma no era posible,
                  mientras airado y terrible
                  ejecuta sus enojos.   35

Pedro   Tu padre, señor.

Don Juan   ¡Ay, triste
                  Leonardo!, adiós, no me vea.

(Salen Don Fernando, y Fabio.)

Don Fernando   No te espantes, que no crea
                  lo que dices, ¿tú le viste?

Fabio   Digo, señor, que le vi.   40

Don Fernando   Basta, Leonardo, que Fabio
                  dice que para mi agravio
                  está aquel villano aquí.

Leonardo   Aquí está, que le han traído

pobreza y enfermedad,   45
no cerréis a la piedad,
como el áspid, el oído,
que ya toca en vuestro honor
favorecer a don Juan.

Don Fernando   Gentil favor le darán   50
                    su maldad y mi valor,
                    id con Dios, porque en llegando
                    a hablarme, por él me pierdo.

Leonardo   Vós, como prudente y cuerdo,
                    veréis, señor Don Fernando,   55
                    lo que en esto habéis de hacer;
                    yo, entre tanto, y perdonad,
                    cumpliré con mi amistad
                    en no dejarle perder.
                    A mi casa le he traído,   60
                    allí le pienso curar.

Don Fernando   Haréis me un grande pesar,
                    y que no lo hagáis os pido,
                    que estáis muy cerca de mí,
                    o mudareme, por Dios.   65

Fabio   La vecindad de los dos,
                    ¿qué ofensa te hace a ti?

Don Fernando   ¿No podrá ser que le vea
                    alguna vez?

Fabio   Ya, señor,
                    es ese mucho rigor.   70

(Sale Alberto, criado de Elena, de soldado.)

Alberto   No habrá en el mundo quien crea
                   esta determinación,
                   mas es fuerza aventurarme.

Don Fernando   Mira quién viene a buscarme.

Fabio   Soldados pienso que son.   75

Alberto   Soy, señor, un capitán
                   de un navío.

Don Fernando   Mas, ¿qué viene
                   a decir, que me conviene
                   favorecer a don Juan?

Alberto   Habiendo sabido que   80
                   andáis buscando un esclavo
                   de tantas partes, que pueda
                   la tristeza consolaros
                   de un hijo que habéis perdido
                   o que ha dado en ser soldado,   85
                   traigo una esclava, que creo
                   (no siendo fuerza obligaros
                   a ser esclavo) que tiene
                   prendas que no las ha dado
                   el cielo a mujer ninguna.   90

Don Fernando   Amor siempre ha sido engaño,
                   esclavo buscaba yo,
                   pero tan poco reparo,
                   siendo ella tal, en que sea
                   esclava.

Alberto   Es tal, que no hallo   95
                 a qué poder compararla
                 si no es al precio, que es tanto
                 que dije bien su valor.

Don Fernando   ¿Es negra?

Alberto   Por ningún caso
                 tratara yo en esa hacienda.   100

Don Fernando   ¿Mulata?

Alberto   Tampoco.

Don Fernando   Aguardo
                 qué sea.

Alberto   Es india oriental,
                 a quien los moros han dado
                 su seta en aquellas tierras,
                 que ahora van conquistando   105
                 valerosos portugueses.
                 En Malaca la trocaron
                 a perlas, y un capitán
                 la trujo a España del cabo
                 de buena esperanza, y yo   110
                 la compré, siendo soldado
                 del castillo de Lisboa.
                 Entra, Bárbara.

(Sale Elena, de esclava, con clavo en la barba.)

Don Fernando   Es retrato

de aquella reina de Persia.

Elena   Dadme, señor, vuestras manos.   115

Don Fernando   Hija, no estéis en la tierra,
                 la fortuna os hizo agravio.
                 Notable mujer.

Fabio   Famosa.

Don Fernando   Adoptaban sus esclavos
                 los romanos, como a hijos,   120
                 sus apellidos dejando
                 y su casa en ellos; yo
                 pensaba hacer otro tanto,
                 por cierto enojo que tengo,
                 pero, puesto que me agrado   125
                 de la esclava, haré lo mismo.
                 ¿Es el precio?

Alberto   Mil ducados.

Don Fernando   Bien dijistes que en el precio
                 se vería, y se ve claro
                 su valor.

Alberto   No os espantéis,   130
                 que donde son más baratos
                 me los han dado por ella.
                 Tiene entendimiento raro.
                 Por comenzar por el alma,
                 el cuerpo estaisle mirando,   135
                 no tengo que encarecerle,
                 los ojos son desengaño.

Por virtuosa la vendo,
que haber sido lo contrario
no era precio para ella,   140
el tesoro veneciano.
Canta, baila, cuenta, escribe,
y es, con notable regalo,
milagrosa conservera;
esto podéis ver despacio,   145
si queréis que aquí la deje.

Don Fernando   ¿Cómo os llamáis?

Elena   Yo me llamo
Bárbara, y no por gentil,
porque este nombre cristiano,
en la nave que venía,   150
con el bautismo sagrado,
me dio mi primero dueño,
temeroso de los rayos
de una tempestad que tuvo
la nave en peligro tanto,   155
que haber librado las vidas
fue del bautismo milagro.
Sin esto, junto a los zafres,
dimos en unos peñascos,
que sirvieron de rodelas   160
a las flechas de sus arcos.
Como echó su hacienda al mar
aquel mercader indiano,
guardome para la tierra,
donde le fue necesario   165
remedialla con venderme.

Don Fernando   ¿Cómo, Bárbara, ese clavo

os puso en la barba?

Elena	Fue

presumir, amenazando
rendir mi pecho a su gusto,   170
y como sé que le traigo
en defensa de mi honor,
lunar de mi honor le llamo;
que como ponen blasones
los que empresas acabaron,   175
puso por armas mi honor
hierro negro en campo blanco.

Don Fernando   ¡Qué bien dicho!, yo lo creo.
Ahora bien, cuando me agrado
de una cosa, pocas veces   180
en el dinero reparo,
que no vós, señor; ¿en cuánto
os las vendió el capitán?

Elena   Señor, mientras es mi amo,
no puedo contradecirle;   185
después que me hayáis comprado,
os lo diré, como a dueño.

Don Fernando   ¡Qué discreción!

Alberto   Si llegamos
cuando os agrade el concierto,
sean quinientos ducados,   190
que me costó cuatrocientos.

Don Fernando   Esos daré yo.

Alberto	Subamos a contarlos, todo en plata.	
Don Fernando	Y en oro podéis contarlos, porque es dar oro, por oro.	195
Alberto	Ya es vuestro suceso estraño.	
Don Fernando	Bárbara, no a ser mi esclava quedáis, que con vós aguardo cobrar el amor de un hijo, inobediente e ingrato.	200
Elena	Pues señor, haré yo cuenta que por él traigo este clavo, que sirviendo en su lugar, esclava seré de entrambos.	
(Vase Fernando.)	Esta amorosa pasión, con que se me abrasa el pecho, pues hierros dorados son, por una fineza ha hecho esclavo mi corazón.	205
	Con darle a don Juan no huyo de confesarle por suyo, mas puede decir después que de dos dueños lo es, esclavo soy, ¿pero cúyo?	210
	Aunque si dadas están cúyo ha de ser preguntando, mi fe y lealtad las dirán, que no soy de Don Fernando, sino esclava de don Juan.	215
	Verdad es que él me compró y que el amor me vendió,	220

pero cuando en mí reparen
si cúya soy preguntaren,
eso no lo diré yo.
Porque de concierto están   225
la fe y el amor en mí,
que si tormento me dan,
solo he de decir que fui
la esclava de su galán.
Que mi corazón quebró   230
lo que don Juan le obligó,
le dijo al alma, prometo
de guardar siempre el secreto,
que cuyo soy, me mandó.
Soy tan leal, corazón,   235
que sabiendo que ha perdido
por mí, hacienda y opinión,
secretamente he querido
pagarle tanta afición.
Porque cómo restituyó   240
la deuda el amor, arguyo,
mas cómo se encubrirá
porque nadie me verá
que no diga que soy suyo.

(Fabio sale.)

Fabio   Haciendo está la escritura;   245
               entre Bárbara, que quiere
               verte el escribano.

Elena   Hoy muere
               mi libertad, y asegura
               la eterna fama que adquiere.
               Informarme he menester   250

de algo, si en casa quedo,
de la familia, y saber
porque errar términos puedo;
¿con quién le debo tener?
¿Hay señora?

Fabio   No hay señora.   255

Elena   ¿Hijos?

Fabio   Uno.

Elena   ¿Edad?

Fabio   Mancebo.

Elena   ¿Qué estado?

Fabio   Estado de nuevo,
             porque cierta pecadora
             le ha puesto en los ojos cebo.
             Cerca de clérigo estaba,   260
             y que quiere casarse.

Elena   ¿El nombre?

Fabio   Don Juan.

Elena   Ya lo imaginaba.
             ¿Es galán?

Fabio   Es gentilhombre,

Elena   Peligro corre la esclava.

| Fabio | No corre, que no está en casa. | 265 |

| Elena | ¿Cómo? |

| Fabio | Su padre le echó,
no más de porque se casa. |

| Elena | Por eso. |

| Fabio | ¿Es poco? |

| Elena | ¿Pues no?,
como eso en el mundo pasa,
¿quién hay más? |

| Fabio | La cocinera, | 270 |
| | y un ama que la crió. |

| Elena | ¿Es muy vieja? |

| Fabio | Es hechicera. |

| Elena | ¿Vós quién sois? |

| Fabio | Aquí entro yo.
Soy señor de la cochera. |

| Elena | Sois hombre muy importante. | 275 |

| Fabio | Y otras veces voy mejor. |

| Elena | ¿Cómo? |

Fabio	Con plaza de infante,
	soy víspera de señor,
	porque estoy siempre delante.
	Desde que os vi con deseo,	280
	estoy por vida de entrambos
	de ministrar himeneo.

Elena   Mírasme con ojos zambos.

Fabio   Son señas de eregodeo.

Elena   Entrad, y tened la mano,   285
porque os daré.

(Dale.)

Fabio   Ya es después.

Elena   Yo no aviso más temprano.

Fabio   Así me trataba Inés.

Elena   Pues tened respeto, hermano,
porque yo respondo así.   290

Fabio   Yo me despido de ti.

Elena   Buenas mis locuras van,
yo me vendo por don Juan,
amor, ¿qué quieres de mí?

(Vanse.)

(Salen Pedro, Serafina y Don Juan.)

Serafina   Pensarás que te agradezco   295
                  que a mi casa hayas venido,
                  si necesidad ha sido.

Don Juan   Eso y mucho más merezco.

Serafina   ¿Tú casarte, y no conmigo?

Don Juan   Cuando venir presumí,   300
                  bien imaginé que en ti
                  tuviera un grande enemigo,
                  mas para desengañarte,
                  no hallé camino mejor.

Serafina   Responde mi necio amor   305
                  que ninguna cosa es parte,
                  pues tú me engañas a mí,
                  y quieres otra mujer.
                  Tanto que te obliga a ser
                  lo que estoy mirando en ti.   310
                  Pedro, aunque tú me has vendido,
                  también como tú, señor,
                  ¿qué me dices de un traidor
                  que hasta el honor ha perdido?
                  ¿Pero que puedes decirme?   315

Pedro   Amaina señora, amaina;
                  vuelve la espada a la vaina,
                  no mates hombre tan firme,
                  que siendo tú la mujer
                  con quien se quiere casar,   320
                  ¿cómo te puedes quejar?

Serafina	¿Yo soy?
Pedro	¿Pues quién ha de ser? ¿Hate dicho a ti tu hermano quién es la mujer o hombre que sepa si quiera el nombre?
Serafina	Luego, ¿yo me quejo en vano?
Pedro	¿Pues no está claro que ha sido la jornada y la invención solo por esta ocasión?
Serafina	Amor la culpa ha tenido del enojo que ha causado. Mi desconfianza fue la causa, que no pensé de verle tan descuidado, que era por mí la fineza; don Juan, mi desconfianza no dio por tanta mudanza créditos a la firmeza, con tan injusto desdén perdonad el recebiros.
Don Juan	Cuéstame el quereros bien, no deseos y suspiros, como suele suceder, sino hacienda, honor y vida.
Serafina	Vós veréis qué agradecida soy, si soy vuestra mujer.
Don Juan	¿Pues por quién pudiera yo

325
330
335
340
345

	hacer fineza tan rara?	

Serafina   De mis dichas lo dudara,
             de mis pensamientos no.   350
             Mi hermano pienso que viene,
             no puedo agora decir
             lo que habré de remitir
             al alma, que dentro os tiene
             En ella y el corazón,   355
             como en secreto lugar,
             los dos podremos hablar
             desta peregrinación
             con que me habéis obligado.
             Vuestra eternamente soy.   360

(Vase.)

Don Juan   Necio, ¿qué has hecho?, ya estoy
             metido en mayor cuidado,
             con decir a Serafina
             que es ella con quien me caso.

Pedro   Si esta mujer es el paso   365
             por donde tu amor camina
             al fin de su pretensión,
             no fue engañarla locura,
             que pudiera por ventura
             hacer en esta ocasión,   370
             que su hermano, por quien ya
             corren estas amistades,
             pusiera dificultades
             en lo que tratando está,
             ni se pudiera vivir   375
             aquí con este enemigo.

Don Juan   Y si hablándola me obliga
                  a lo que no he de cumplir,
                  parécete que son cosas
                  que poco después fatigan.   380

Pedro   ¿Pues a qué escritura obligan
                  dos palabras amorosas?

Don Juan   Bien dices, que desde aquí
                  habemos de negociar;
                  mas, ¿cuándo piensa llegar   385
                  esta noche para mí?
                  Muero por ir a Triana,
                  muero por ver a mi Elena.

Pedro   Basta un mes de injusta pena,
                  dejemos para mañana   390
                  ir a Triana, señor;
                  porque si esta noche vas,
                  a Serafina darás
                  sospechas de ajeno amor.

Don Juan   Eso dices, si pensara   395
                  no vella, estando en Sevilla,
                  tuviera por maravilla
                  que la vida me durara
                  hasta que el alba saliera.
                  ¡Ay, noche, ven!, porque el Sol,   400
                  dejando el polo español,
                  cubra la antártica esfera.
                  Deja, Sol, que el negro manto
                  pueda tu rostro eclipsar,
                  que aunque temieras la mar,   405

no te detuvieras tanto.
Embarca tu resplandor,
que en ver la noche me niega;
con mis lágrimas navega,
que soy todo un mar de amor.   410
Vete, que no he menester
celajes de tu mañana,
que está mi aurora en Triana,
y ella me ha de amanecer.
Vamos, Pedro.

Pedro   Tente un poco.   415

Don Juan   ¿No es de noche?

Pedro   En tu sentido,
tanta es la luz que ha perdido
quien está de amores loco.

Don Juan   Pues di, ¿no tengo razón,
no es hermosa y virtuosa?   420

Pedro   Virtud, sobre ser hermosa,
es la mayor perfección,
y así será justo empleo,
pero con mucho jüicio.

Don Juan   Pues es para su servicio,   425
ayude Dios mi deseo.

(Vanse, y sale Don Fernando y Elena.)

Don Fernando Tan contento estoy de ti,
Bárbara, que desde hoy

eres lo mismo que yo.

Elena

Cuanto ha sido contra mí   430
hasta agora la fortuna,
le perdono justamente,
si no es que de nuevo intente
deste bien mudanza alguna;
pues, piadosa, me ha traído   435
a servir a un caballero,
de quien mi remedio espero.

Don Fernando

Bárbara, mi dicha ha sido,
y pues que lo siento así,
se ve lo que te he fiado.   440
Todas las llaves te he dado,
rige y gobierna por mí
criados, casa y hacienda,
tanto de tu entendimiento
y virtud estoy contento;   445
y porque tu pecho entienda
qué es lo menos que te fío.
Óyeme atenta y sabrás
lo que a mí me importa más,
todo el pensamiento mío,   450
yo tengo un hijo.

Elena

Ya sé
todo el suceso, señor,
que me lo dijo Leonor
el día que en tu casa entré.

Don Fernando

Ese, pues, inobediente,   455
estando para ordenarse,
dio en que había de casarse,

y ausentose cuerdamente,
que pienso que le matara.
Ha vuelto a Sevilla,   460
y en casa un vecino está,
que a mi disgusto le ampara.
Entre todos los enojos,
que me ha dado este rapaz,
anda amor metiendo paz,   465
porque es la luz de mis ojos.
Yo finjo que le aborrezco,
y nadie sabe de mí
lo que he fiado de ti.

Elena   Dios sabe que lo merezco.   470

Don Fernando   Quiero, porque me han contado
que viene enfermo y perdido,
que tú, como que has querido,
viéndome con él airado,
cuidar de su enfermedad,   475
como tu propio señor
le veas, y de mi amor
sustituyas la piedad.
Las llaves tienes, y tienes
discreción en regalarle;   480
te ocupa, sin declararle,
que por mí, Bárbara, vienes,
sino por tu obligación;
que sé que en viendo a don Juan,
tan entendido y galán,   485
dirás que tengo razón.
No hay mozo en toda Sevilla,
no lo digo como padre,
más gallarda fue su madre,

en México maravilla,   490
y muy principal mujer,
que a ser legítimo amor,
más tiene de su valor
que de mí puede tener.
Lo primero, has de llevar   495
esto, sin nombrarme a mí,
unas camisas que aquí
quedaron por acabar.
Y toma en este bolsillo
cincuenta escudos, que está   500
pobre, y no los hallará
sobre prendas en Sevilla.
Pienso que me has entendido.

Elena   ¡Y cómo señor!, muy bien,
y de camino también,   505
con el alma agradecido,
la confianza que hacéis
desta humilde esclava vuestra,
en lo demás bien se muestra,
que piadoso procedéis,   510
como padre, imitación
del verdadero desvelo.

Don Fernando   Si tú, con discreto celo,
pues se ofrecerá ocasión,
le pudieses persuadir   515
que dejase de casarse
y que volviese a ordenarse,
no le dejes de advertir
lo que ganará conmigo.

Elena   Señor, ¿como podré yo,   520

sabiendo que no bastó
tu enojo, ni tu castigo?
Pero, en fin, yo te prometo
de hablarle en esto, y muy bien,

Don Fernando   Haz, Bárbara, que te den   525
las camisas en secreto,
que ya acabadas están,
y si en este amor reparas,
yo sé que me disculparas
si hubieres visto a don Juan,   530
y quiero que se te acuerde
mirándonos a los dos.
Que siente Dios, con ser Dios
un hijo que se le pierde.

Elena   ¿Ha de ir alguno conmigo?   535

Don Fernando   Fabio, que te enseñará
la casa, que cerca está.

Elena   Alabo, ensalzo, bendigo
la piedad que usas conmigo.
Cielo, en aquesta ocasión,   540
parece que el corazón
me miraba, Don Fernando,
y que dél fue trasladando
mi propria imaginación;
que podré ver a don Juan   545
después de tan larga ausencia.
¡Qué dineros y licencia
de regalarle me dan!
Parece que ya se van
declarando en mi favor   550

los cielos, pues el rigor
piadoso de un padre airado
da cuidado a mi cuidado,
y añade amor a mi amor.
Agora os satisfaréis,   555
ojos, que sin luz estáis,
que a ver vuestra gloria vais
de lo que llorado habéis.
Hoy vuestro dueño veréis,
y siempre licencia os dan,   560
tercero para don Juan
es hoy quien más me aborrece,
pues me dice y encarece,
que es gentil hombre y galán.
Con la gracia que me hablaba,   565
con las que don Juan tenía,
como que yo no sabía,
que me cuestan ser su esclava,
lo mesmo que deseaba,
me ofrecía liberal.   570
Porque con suceso igual
sea mi ejemplo testigo
de que suele un enemigo
hacer bien, por hacer mal.

(Vase.)

(Sale Florencio y Ricardo.)

Florencio   No siempre puede amor lo que imagina.   575

Ricardo   Juré, Florencio, no ver a Serafina,
                   después de ser tan claro desengaño,
                   y aunque pensé que fuera por mi daño,

un milagro de amor ha sucedido,
que fue con otro amor quedar vencido.   580

Florencio   Si tiene alguna cura
la locura de amor, es la hermosura
de otra mujer, y ansí dijo un poeta:
aunque es pasión que tanto nos sujeta,
para vencer amor, querer vencelle.   585

Ricardo   No pienso yo ponelle
remedio tan violento;
pero andando con este pensamiento,
vi una mujer a donde puso el cielo
dos estrellas de fuego en puro yelo,   590
un talle tan gallardo, honesto y grave,
un mirar tan suave,
un andar tan gracioso,
y en cada parte un todo tan hermoso,
que vivo sin sentido,   595
mas todo lo que veis, y fue el olvido,
de aquel pasa amor, pues ya me abrasa,
se encierra en una esclava desta casa.

Florencio   ¿Esclava?

Ricardo   Sí.

Florencio   Que bajo pensamiento.

Ricardo   Sin verla, no culpéis mi entendimiento.   600

Florencio   ¿Es Africana?

Ricardo   Es India, y justamente,

que siendo Sol viniese del Oriente.

Florencio	Mal gusto, y en que el vuestro desatina,
	dejar el serafín de Serafina
	por una esclava bárbara.

Ricardo	Su nombre,	605
	Florencio, es ese, y porque no os asombre
	mi pensamiento justo,
	mirad su talle y culparéis mi gusto.

(Salen Doña Elena y Fabio con un azafate.)

| Fabio | Esta es la casa. |

| Elena | Que tan cerca era. |

| Fabio | ¿Quisieras tú que al alameda fuera?; | 610 |
| | la devoción de San Trotón te obliga. |

| Elena | Nunca salgo de casa. |

Fabio	Pues, amiga,
	si Señor te hace dama, ten paciencia,
	demás que las ventanas, en ausencia
	de la calle, no son poco remedio.	615

| Elena | Nunca por ese medio |
| | remedio yo la soledad que paso. |

| Fabio | ¿Ventana no? |

| Elena | ¿Soy yo botón, acaso, |
| | que tengo de estar siempre a la ventana? |

Ricardo	¿Qué os parece la indiana?	620
Florencio	Que trujo cuantas perlas y oro Arabia, en la tierra y la mar que el Sol las cría.	
Elena	Entra Fabio, y dirás a lo que vengo.	
Ricardo	Luego disculpa de querer la tengo.	
Florencio	El lacayo se ha entrado en casa de Serafina.	625
Ricardo	¿Traerán de Don Fernando algún recado, pues, Bárbara divina?	
Elena	Vuesamerced, suplícole se tenga. antes que el hombre con quien vengo venga.	630
Ricardo	¿Por qué pagas tan mal lo que te quiero?	
Elena	¿Qué obligación me corre, caballero?	
Ricardo	Amor no obliga.	
Elena	Obliga con servicios, y amorosos oficios, no con palabras y ánimos donceles, que aun en tiempo de Adán le daban pieles.	635
Ricardo	¿Quieres tú galas, quieres tú dinero?	
Elena	No puedo yo deciros lo que quiero.	

| Ricardo | ¿Quieres que te rescate? |

| Elena | Ni por el pensamiento de eso trate,   640
todo mi gusto en esta casa tengo;
esclava de mí misma, a verle vengo. |

| Ricardo | Ya te he entendido, ¿quién es, a Leonardo? |

| Elena | ¿No es don Juan más gallardo? |

| Ricardo | ¿Pues quieres a don Juan? |

| Elena | Como a mi dueño,   645
que en lo demás ya sé que fuera sueño,
pues quiere una mujer con quien se casa. |

| Ricardo | Pues, Bárbara, si sabes lo que pasa
quiéreme a mí, que en indio me transformas,
pues ídolo te formas   650
de marfil y de oro,
y siendo tú mi Sol indio, te adoro;
¡ea!, dame una mano, porque en ella
te ponga este diamante,
que aunque es muy bella, quedara más bella.   655 |

| Elena | Quedito y salvo el guante,
que soy un poco arisca,
y con las nueve efes de Francisca,
fe, fineza, firmeza y fortaleza,
soy toda junta un monte de aspereza,   660
y le quiero añadir el ser famosa. |

| Ricardo | Pues déjame tocar con solo un dedo
el clavo de tu rostro. |

| Elena | Lindo enredo,
¿soy cuenta de perdones?,
por sus ojos que mude de estaciones. | 665 |

| Ricardo | Yo he de comprarte a Don Fernando. | |

| Elena | Creo
que aunque busquéis para tan necio empleo
más piedras y oro y perlas que un poeta
para pintar un día,
no os venderán una chinela mía.
El hombre sale a Dios. | 670 |

| Florencio | Mujer discreta,
pero taimada. | |

| Ricardo | Vamos, que yo espero
mi remedio en engaño o en dinero. | |

(Vase.)

(Sale Fabio.)

| Fabio | Don Juan sale a recebirte,
y las camisas di a Pedro. | 675 |

| Elena | Pues vete, así Dios te guarde,
que tengo cierto secreto
que me dijo mi señor
que dijese a don Juan. | |

| Fabio | Vuelvo
dentro de un hora por ti. | 680 |

Elena   Vuelve poco más o menos.

Fabio   ¿Quién son aquellos lindones
             que te hablaban?

Elena   Caballeros
             que, cansados de faisanes...,
             ya entiendes Fabio.

Fabio   Ya entiendo.   685

Elena   ¿Celitos?, soy yo muy propia
             para oír lacaicelos.

Fabio   Por el agua de la mar
             que he de darles, si los veo
             otra vez, una mohada,   690
             que llaman acá los diestros,
             la de Domingo Gayona.

Elena   ¿Son estos los aposentos
             de don Juan?

Fabio   Sí.

Elena   Vete.

Fabio   Adiós.

(Vase y sale Don Juan y Pedro.)

Don Juan   Mal podré tener contento,   695
             Pedro, con tanta desdicha;

hoy a mis hábitos vuelvo.

Pedro   No debió de poder más,
                 que por ventura la hicieron
                 fuerza su tío y su primo.   700

Don Juan   ¿Qué fuerza, si fue el concierto,
                 que a casarme volvería?

Pedro   Como no lo hiciste luego,
                 entró la desconfianza,
                 que no hay cosa que más presto   705
                 rinda y mude una mujer.

Don Juan   En lo que su engaño veo,
                 es en negar sus criados,
                 y decir que no supieron
                 quién le llevó, o donde fue.   710

Pedro   Hablemos, señor, primero
                 esta esclava de tu padre,
                 que dicen que es su gobierno,
                 y no mudemos de ropa,
                 que será sin grande acuerdo   715
                 vender risa a la ciudad.

Don Juan   Buen talle.

Pedro   Y gentil aseo.

Don Juan   No he visto esclava en mi vida
                 de mejor traza.

Pedro   El invierno

	tenga yo tales frazadas,	720
	y los veranitos frescos	
	estas colchas de la China.	

Elena
    Temblando me está en el pecho
    el corazón, señor mío,
    hoy a vuestros pies presento   725
    una esclava.

Don Juan
    No prosigas.
    Jesús, Jesús, ¿qué es aquesto?,
    alza el rostro, no le bajes.
    ¿Qué es esto, Pedro?

Elena
    Bien puedo,
    si las lágrimas me dejan.   730

Pedro
    Señor, vive Dios que creo
    que habemos los dos bebido.

Don Juan
    ¡Ay, Pedro!, lágrimas bebo
    de un ángel, pero bien dices
    que esto es locura, o es sueño,   735
    háblame, señora mía,
    háblame, y dime si tengo
    mi fantasía en tu sombra
    fuera de mi entendimiento.

Pedro
    Señora, dime quién eres,   740
    han hecho algún embeleco
    estas moras de Sevilla.
    ¿Eres tú quien eres? Presto,
    que estoy por huir de ti.

Elena   Yo soy, don Juan; yo soy, Pedro;   745
                que, quién sino yo pudiera
                arrojar al mar soberbio
                de tu padre, honor y vida.
                Que de una amiga, sabiendo
                que dar quería a un esclavo   750
                hacienda, este pensamiento
                se me puso en la memoria,
                y ejecutolo el deseo.
                Tuve tal felicidad
                que ya de tu padre tengo   755
                hacienda y casa en mi mano.
                Hoy me descubrió su pecho,
                y me dijo que sabía
                que habías venido enfermo,
                y que venías a curarte,   760
                siendo yo cierva que vengo
                llena de flechas de amor
                al agua de mi deseo.
                Este dinero me ha dado
                tan declarado y tan tierno,   765
                que a los ojos se asomaban
                las lágrimas por momentos,
                como a ventanas doncellas,
                que andan cerrando y abriendo.
                Díjome que yo te diese,   770
                en razón del casamiento,
                consejos que no te doy,
                que son contra mí consejos.
                Fingí hierros en mi cara,
                porque están los verdaderos   775
                en el alma, señor mío,
                donde no los borra el tiempo.
                Hierro es este de mi cara,

porque el del alma es acierto,
que solamente por mí   780
se dijo acertar por hierro.
Hierro parece, y es flecha,
que del arco de sus celos
amor me tira a la boca,
porque le sirva de sello.   785
Haz que me pongan tu nombre,
porque sepan muchos necios
(que fundan en intereses
todos los amores nuestros)
que hubo una mujer que fue   790
por solo agradecimiento
esclava de su galán,
por el nombre y por los hechos.

Don Juan   Dulce esclava de mi vida,
de mi libertad, señora,   795
hierro que mi alma adora,
señal por mi bien fingida.
Hoy ha de quedar corrida
la griega y romana historia,
pues en vuestro honor y gloria,   800
que para siempre ensalzáis,
con esta hazaña dejáis
en olvido su memoria.
Templado habéis mis enojos,
porque el esclavo recelo,   805
que es como signo en el cielo,
para el Sol de vuestros ojos,
templad también mis antojos,
porque está el alma tan loca,
que a imaginar me provoca,   810
que es la señal que en vós veo,

porque no yerre el deseo
el camino de la boca.
Que érades ida pensé,
luego que os busqué en Triana,   815
allí me hallé de mañana,
¡qué triste noche pasé!
Es posible que os hallé,
y solo el errado fui,
pero siendo el yerro aquí   820
de vuestra cara fingido,
en siendo vuestro marido
me la pasaréis a mí.
Que, como suele en la emprenta
pasar la letra el papel,   825
vendré yo a quedar con él,
y vós de ese yerro esenta,
mirando está el alma atenta
cómo le podrá pasar,
donde en inmortal lugar   830
le pueda traer por vós;
pero presto querrá Dios
que lo podamos trocar.

(Sale Serafina.)

Pedro   Señor, Serafina.

Elena   ¿Quién?

Serafina   A ver vengo vuestra esclava.   835

Don Juan   ¿Esclava aquesta señora?
                 Es Serafina, la hermana
                 de Leonardo, grande amigo

de mi padre.

| Elena | ¡Qué gallarda!,
¡qué gentil!, ¡qué bien dispuesta
señora! | 840 |

| Serafina | ¡Qué bella esclava! | |

| Elena | No codiciéis en el mundo
otra cosa, ni otra esclava,
si aquesta dama tenéis. | 845 |

| Serafina | Pues amiga, ¿cómo os llaman? | |

| Elena | Bárbara, señora mía. | |

| Serafina | Pues Bárbara, no soy dama,
sino mujer de don Juan. | |

| Elena | ¿Que sois vós con quien se casa? | 850 |

| Serafina | A lo menos, lo he de ser. | |

| Elena | Eso solo me faltaba
para dar el parabién,
a cierta loca esperanza. | |

| Serafina | ¿Quién hizo aquellas camisas? | 855 |

| Elena | Esas mujeres las labran
que sirven a mi señor. | |

| Serafina | Mejores están guardadas
para cuando quiera Dios. | |

| Don Juan | Vete con Dios, que te tardas, | 860 |
| | Bárbara. | |

Elena

Sí, mejor es,
pues aquí ya no hago falta,
y en mi casa podrá ser.

(Sale Finea, esclava de Serafina.)

Finea

Aquí, señora, te aguarda
una visita.
Serafina
¿Quién es?   865

Finea

Tu grande amiga Lisarda.

Serafina

Perdonad, señor don Juan,
luego volveré.

Don Juan

No salgas,
Bárbara, sin que te lleve
Pedro desde aquí a tu casa.   870

Elena

Tú me detienes en tiempo
que está reventando el alma,
por dar voces, si deseas,
que declare cuanto pasa,
bien harás en detenerme.   875

Don Juan

Detenla, Pedro.

Pedro

No vayas
enojada, hermosa Elena,

	hasta que sepas la causa,	
	por que dijo Serafina	
	aquellas necias palabras.	880

Elena ¿Enojada yo, por qué?
¡Ah, perro! quién te sacara
el alma.

Pedro Tente señora,
tente, por Dios, que me matas.

Don Juan Si engañar esta mujer 885
ha sido ofensa que agravia
la verdad de nuestro amor,
deja a Pedro, y tu venganza
ejecuta en mí, que soy
desdichado en tu desgracia. 890

Elena ¿En vuesamerced, por qué?
Si los hábitos dejara
por esta dama, que puede
serlo de un grande de España,
¿quién hizo aquellas camisas?, 895
mejores están guardadas
para cuando quiera Dios.
¡Qué bien, qué buena cristiana!
Dios le cumpla sus deseos,
¡Ay de aquella desdichada, 900
vendida por un traidor!

Don Juan Si no escuchas, nadie basta
a poder satisfacerte.

Elena ¡Que pusiese yo en mi cara

esta cédula, este hierro   905
que publicase mi infamia,
para que todos le lean!

Pedro   Señora, ¿por qué te acabas
            y quitas la vida a un hombre,
            que solo de verte airada,   910
            no sabe tomar consejo?

Elena   Hasta agora no fui esclava,
            doña Elena fui hasta agora,
            ya soy la Elena troyana,
            incendio soy de mí misma,   915
            mi proprio fuego me abrasa;
            quien me ha robado el honor
            es quien me vende a mi patria.
            Traidor Paris de Sevilla,
            firme Elena de Triana,   920
            pero un don Juan me vende,
            y el esclavo que maltratan
            huye del dueño, perdone
            Don Fernando, que a Triana
            me vuelvo, y de allí a Jerez,   925
            porque esclava por esclava,
            quiero serlo de mi primo.

Don Juan   Oye.

Pedro   Espera.

Don Juan   Tente.

Pedro   Aguarda.

(Huye.)

Don Juan   Ve tras ella.

Pedro   Voy.

Don Juan   Hoy hace fin mi esperanza.   930

          Fin de la segunda jornada

Jornada tercera

(Salen Florencio y Ricardo.)

Florencio	¿Esos eran los enojos,
	recebille y regalalle?

Ricardo	Es padre, no hay que culpalle,	
	que los hijos y los ojos	
	tienen poca diferencia,	5
	antes bien la espiración	
	de aquella pronunciación,	
	suspiros son de su ausencia.	
	En efecto, está don Juan,	
	después de tanta porfía	10
	con la paz que antes tenía,	
	con hábito de galán.	

. . . .

	Pensaréis	
	que ama a Bárbara, y tendréis	
	desta sospecha testigos,	15
	en que no sale de casa	
	sin ver, que vergüenza es,	
	que los amigos después	
	que supieron que se casa.	

Ricardo	Si amor y celos tuviera,	20
	cualquier injusto rigor	
	fuera como mal de amor,	
	y como amor le sufriera	
	celos con una bajeza,	
	que el valor de amor infama.	25

Florencio	¿Donde hay tan hermosa dama,

con tanta gracia y belleza,
una esclava os trae perdido?

Ricardo   Amor no tiene elección.

(Sale Don Fernando y Fabio.)

Don Fernando   Alguna causa y razón   30
                        esta mudanza ha tenido.
                        Bárbara no tiene ya
                        la alegría que solía.
                        Muy contenta me servía,
                        triste por estremo está.   35

Fabio   Como don Juan, mi señor,
                        ha venido, y has mostrado
                        en regalalle cuidado,
                        y a Bárbara poco amor,
                        estará con sentimiento.   40

Don Fernando   ¿Una esclava ha de querer
                        y ser como un hijo, y tener
                        el mismo merecimiento?

Fabio   Culpa al principio tuviste,
                        como a hija la trataste   45
                        y como el amor mudaste,
                        no te espantes, que ande triste;
                        si no es que aquel gentilhombre,
                        que nunca deja esta puerta,
                        algo con ella concierta.   50

Don Fernando   Con bien diferente nombre
                        me la vendió el capitán.

Fabio	Pues si no es esto, señor,	
	serán celos del amor	
	que le muestras a don Juan.	55

Don Fernando	¿Es aquel el caballero	
	que dices?	

Fabio	El mismo es.

Ricardo	Con lo que veréis después,	
	remediar mi pena espero,	
	que sin alguna invención	60
	es imposible mover	
	el pecho desta mujer.	

Florencio	Siempre más fáciles son	
	con sus iguales, mas fuera	
	mejor compralla.	

Ricardo	Ese intento	65
	fuera loco pensamiento,	
	por un millón no la diera.	
	Pienso que repara en mí.	

Florencio	Vamos, que os está mirando.

(Vanse Florencio y Ricardo.)

Don Fernando	Si la esclava inquietando	70
	anda, Fabio, por aquí,	
	sabré yo darle a entender	
	que respeto ha de guardar	
	a mi casa.	

Fabio

        Codiciar
la gracia desta mujer   75
no te espante, que es hermosa,
y su limpieza y aseo
solicitan el deseo
de la juventud ociosa;
todos se prometerán   80
facilidad, en bajeza,
y yo sé que hay aspereza.

Don Fernando   Mucho se tarda don Juan.

Fabio   La caza, señor, divierte.

Don Fernando   Desde que hoy amaneció,   85
está en el campo, aunque yo
lo tengo por buena suerte;
pues con eso entretenido,
pienso que se le ha olvidado
el casamiento tratado.   90

Fabio   Todo lo ha puesto en olvido.

(Sale Don Juan, de campo.)

Don Juan   Mira, Fabio, ese caballo,
que Pedro se queda atrás.
¡Oh, mi Señor!, ¿aquí estas?
Gracias a Dios que te hallo   95
con la salud que deseo.

Don Fernando   Seas, don Juan, bien venido,
¿cómo en el campo te ha ido?,

que ha un siglo que no te veo.

| Don Juan | Vuelvo a besarte la mano | 100 |

por tal favor, pero quiero
contarte.

Don Fernando — Eso no, primero
descansa.

Don Juan — Escucha.

Don Fernando — Es en vano,
tiempo queda en que podrás.
¡Hola!

(Sale Doña Elena.)

Elena — Señor.

| Don Fernando | Llega allí; | 105 |

descalza a don Juan.

Don Juan — ¿A mí?

Don Fernando — ¿Pues es más que los demás?
Siéntate.

Don Juan — Pedro, señor, vendrá ya.

| Don Fernando | ¿Qué novedad es aquesta? | 110 |

Don Juan — Ea pues, llegad.

Don Fernando — Ven luego a comer.

(Vase.)

Don Juan   Qué error de mí y qué favor
              de mi buena dicha ha sido
              el no haberte conocido.   115
              Ángel, la mano tened.

Elena   Deme el pie vuesa merced.

Don Juan   Miro si mi padre es ido,
              para darte mil abrazos.

Elena   Deme el pie, vuelvo a decir.   120

Don Juan   Ya no es tiempo de reñir,
              sino de darme los brazos.

Elena   Antes los haré pedazos.

Don Juan   Pues volvereme a enojar,
              que no te pensaba hablar   125
              por los celos que me has dado,
              que bien sabes que has hablado
              con quien me los puede dar.
              De verte me enternecí,
              y te he perdonado ya.   130

Elena   Tarde pienso que hallara
              vuesamerced para mí
              satisfación, aunque aquí,
              como será, se regale
              al Sol, puesto que se vale   135
              de la invención que propone,

porque no hay, que me perdone,
y del propósito sale
que Ricardo me hable a mí,
cuando por la puerta pasa;   140
qué importa si él en su casa
habla a Serafina así.

Don Juan   Es fuerza.

Elena   Es amor.

Don Juan   ¿Y?

Elena   Él, sí,
que hablarme un hombre, saliendo   145
algún recaudo, o volviendo
a casa, no es en mi mano,
mas, vuesamerced en vano
se disculpa, conociendo
el pesar que me hace a mí.   150

Don Juan   A tantas vuesasmercedes,
mira que matarme puedes,
dueño de mi alma, ansí
que desde que te la di
aborrecí cuanto amaba.   155

Elena   ¿Dueño yo, siendo su esclava
de vuesa merced?

Don Juan   Ya es eso
traición, malicia y exceso,
amor, no, condición brava.
Ya estoy rendido, ¿qué quieres?   160

Por Dios, que de tú me nombres,
qué tiernos somos los hombres,
qué fuertes sois las mujeres.

Elena   Tú dices que tierno eres,
siempre habemos de buscar.   165

Don Juan   Siempre habemos de rogar.
¿Quién no se deja morir
para no llegar a oír
tu término de matar?
¡Ay!, isi en el campo me vieras   170
de pechos sobre una fuente,
aumentando su corriente
con lágrimas verdaderas!

Elena   ¿Por Serafina?

Don Juan   ¿Hay locura
tan grande?, que si procura   175
su olvido matarme ansí,
yo quiero imitar de ti
la misma descompostura.
Señor, ¿esta es doña Elena,
con quien pretendí casarme?   180
ven a matarme.

Elena   A matarme
vendrá primero tu pena.

Don Juan   Déjame.

Elena   La lengua enfrena,
loco de mis ojos.

Don Juan   ¿Qué?

Elena   De mis ojos dije, erré.   185

Don Juan   Ya lo dijiste, ya eres
                  mi dueño.

Elena   Sí, pues quieres
                  que yo te quiera sin fe.

(Entra Pedro, de caza.)

Pedro   Gracias al cielo que os veo en paz.

Don Juan   Cómo te has tardado.   190

Pedro   El pájaro lo ha causado,
                  que es algún demonio, creo.
                  Que haya quien cace en el mundo,
                  que vaya siguiendo en fin
                  un hombre con un rocín,   195
                  que le despeñe al profundo.
                  Aves que andan por el viento,
                  solo hallo disculpados
                  los naipes, porque sentados
                  es dulce entretenimiento,   200
                  que quién puede en trucos sufrir
                  dos torneadores crueles,
                  y una mesa sin manteles
                  con dos varas de medir,
                  que parecen las casitas   205
                  de corral de vecindad,
                  con mucha curiosidad

tirándose las boletas.
Cuerpo de tal con la flema,
pues otros que juzgan solos,								210
toda una tarde a los bolos,
quebrantándose por tema,
de qué salen derrengados
por enderezar la bola,
y otros que con ella sola								215
tiran por sendas y prados.
Con los mallos o los mazos,
si es ejercicio, y no vicio;
la esgrima es lindo ejercicio
para hacer fuertes los brazos.								220
Que no ejercitar la espada,
es causa que en la ocasión
falte el aliento, estas son
para juventud honrada.
Las cazas y pajarotes,								225
allá son para los reyes
que tienen libros y leyes,
porque con dos matalotes,
y un neblí tuerto de un ojo;
¿quién diablos sale a cazar?								230

Don Juan   Vete, Pedro, a descansar,
que vienes con mucho enojo,
y vós, mi bien, ya quedáis
en paz conmigo.

Elena   Primero
quiero que jures.

Don Juan Yo quiero;								235
juro que vós me matáis.

Elena	De no ver al serafín	
	que piensa que has de ser suyo.	

| Don Juan | Eso juro, y de ser tuyo. | |

| Elena | ¿Y el serafín? | |

| Don Juan | Serafín, | 240 |
| | en mi vida le veré. | |

| Pedro | Sino a ti que lo eres mía, | |
| | ¡qué glosa hacerse podía! | |

| Elena | ¿Cómo? | |

| Pedro | Escucha. | |

| Elena | Di. | |

Pedro	Diré.	
	Es el ti, deminutivo	245
	del tú y es hijo del mí,	
	porque regala ansí	
	con el acento más vivo.	
	Que el tú es bajo, y el tiple es mí.	
	Tú mandas, tú desafía,	250
	tú es trompeta, tú es cochero,	
	ti es clarín, ti es chirimía,	
	y por eso al tú no quiero,	
	sino a ti, que lo eres mía.	

| Don Juan | Tal te dé Dios la salud. | 255 |

Elena	Tu padre llama, y no entienda que hablamos.

Don Juan	Adiós, mi prenda.

Elena	Adiós.

(Vanse los dos.)

Don Juan	¡Qué dulce inquietud!

Elena	Qué poco sabe sufrir

una locura de amor,   260
pero, quién tendrá valor
para dejarse morir,
o no se había de ir,
o no amar, que no hay porfía
de celosa fantasía,   265
que estándose defendiendo,
dure sin rendirse oyendo,
sino a ti, que lo eres mía.
Celos, si estáis satisfechos,
¿qué queréis?, dejadme aquí,   270
que pues que ya me rendí,
ya debéis de estar deshechos.
Si más daños que provechos
resultan de mi porfía,
crueldad matarme sería,   275
no tiréis flechas al aire,
que dijo con gran donaire,
sino a ti que lo eres mía.

(Entra Finea.)

Finea   Bárbara, es tiempo de verte.

Elena   ¿Qué quieres, Finea amiga?,   280
después que el señor don Juan
vive en casa, no hay quien viva.
Porque con la ocupación
de valonas y camisas,
ni yo sé cuándo es de noche,   285
ni menos cuándo es de día.

Finea   Qué trabajos.

Elena   ¿Cómo está
tu señora Serafina?

Finea   Dala al diablo, que se ha hecho
un tigre, una sierpe libia,   290
mejor fuera ya llamarla
demonia que Serafina,
que, como está enamorada,
no hay quien la sufra, ni sirva;
todo es mirarse al espejo,   295
todo es joyas y sortijas.
Endemoniarse o enmoñarse,
ya se toca, ya se enriza,
todo es mirar, si le ve,
y todo ver, si la mira,   300
todo acechar por las rejas,
que están ya las celosías
cansadas de darle calle.

Elena   ¿Hácele muchas visitas
mi amo?

| Finea | Siempre está allá. | 305 |

| Elena | ¿Siempre? |

| Finea | Es lindo rompe sillas,
los dos, que siempre se miran,
el ensillado y mi ama,
como cuadro de Sevilla,
ensalzada y enfrenada. | 310 |

| Elena | ¿Quiérense mucho? |

| Finea | Suspiran
como borricos en prado. |

| Elena | ¿Casaranse? |

| Finea | Eso porfían. |

| Elena | ¿A qué venías? |

| Finea | A darle
este papel de mentiras;
y a fe que tiene un secreto. | 315 |

| Elena | ¿Qué secreto?, por tu vida. |

| Finea | Bárbara, no lo preguntes,
no es posible que lo digas. | 320 |

| Elena | ¿Esa es la amistad? |

| Finea | Perdona. |

Elena   ¿Y si jurase?

Finea   Aún podría
              ser que lo dijese.

Elena   Yo
              soy tu verdadera amiga,
              dame el papel, que don Juan   325
              vino de caza, que el día
              le halló en el campo; y descansa,
              que el secreto, pues porfías,
              ya no lo quiero saber.

Finea   Si no juraste.

Elena   Si obliga   330
              el juramento, yo juro
              que nunca vuelva a las Indias,
              que es lo que yo deseo
              desde que vine de Lima,
              si revelare el secreto.   335

Finea   Pues sabe que una vecina...
              ¿Óyenos alguien?

Elena   No hay nadie.

Finea   Que es una sabia Felicia,
              ha perfumado el papel
              con veinte borracherías,   340
              para que don Juan se case,
              dásele y no se lo digas,
              así Dios nos libre a entrambas.

Elena
El secreto que me fías,
haré escritorio del alma.   345

Finea
Pues adiós, que voy de prisa
a ver aquel pajecillo,
que me viste el otro día

(Vase.)
hablar junto a cal de Francos.

Elena
¡Qué poco duran las dichas!,   350
tornasol parece el bien,
que a cualquier parte la vista,
conforme la luz que toma
halla la color distinta.
¡Ay, Dios!, ¿por qué persevero   355
en tal vida, en tal porfía,
por qué aguardo desengaños,
donde tantos me la quitan?
Cuando en mejor ocasión
a Triana me volvía,   360
¿por qué me tuviste, amor,
con lágrimas y mentiras?
Qué mujer fui tan mudable,
pues no ha un hora que decía
don Juan, con alma traidora,   365
que era yo su alma y vida.
Ojala fuera yo, que el mismo día
yo me matara si lo fuera mía.

(Entran Pedro y Don Juan.)

Don Juan
No es posible sosegar.

Pedro	No es mucho teniendo amor;	370
	mata el desdén y el favor,	
	y todo, en fin, es perder	
	el seso por disparates.	

| Don Juan | Elena mía. | |

Elena	No trates	
	de hablarme, que no ha de ser	375
	esta vez, como hasta aquí.	
	Yo no digo que me iré,	
	sino que aquí me estaré,	
	a ver lo que haces de mí.	
	Yo quiero aguardar a ver	380
	tu casamiento, y te ruego,	
	porque importa a mi sosiego,	
	que hoy sea si puede Serafina	
	o por lo menos mañana,	
	que con dejarte casado,	385
	iré, don Juan, sin cuidado,	
	iré contenta a Triana.	
	Allí mi primo y mi tío,	
	si no han venido, vendrán;	
	poco me debes, don Juan,	390
	pues solo pasar el río,	
	por esa puente me debes	
	con este yerro fingido,	
	por quien vendida he sufrido	
	penas y trabajos breves.	395
	Que no fui a Lima por ti,	
	ni por barcos, horizontes,	
	pasé mares, subí montes,	
	ni hacienda, ni honor perdí.	
	Vuelvo con manos y pies,	400

                    ¿qué hay perdido?

Don Juan   ¿Qué es aquesto,
                    Pedro amigo?

Pedro   Es agua en cesto,
                    humo, espuma y viento es,
                    es un puñado de arenas,
                    es cuando el austro se mueve,   405
                    cielo que hace Sol y llueve,
                    y es Luna menguante y llena;
                    desde lo de la costilla,
                    no tienen segura espalda,
                    cual eres para giralda   410
                    de la torre de Sevilla.

Don Juan   ¿Hay tan estraña mudanza?,
                    ¿aún no aguardarás un hora
                    para mudarte, señora?

Elena   ¡Ay de mí, loca esperanza!   415

Don Juan   Mi bien, yo salí de aquí
                    y de tus brazos también;
                    ¿quién te ha mudado, mi bien,
                    en cuanto de aquí salí?

Elena   Menos mi bien, que no estoy   420
                    para ser su bien, y advierta
                    que es esta verdad tan cierta,
                    que el testigo no le doy.
                    En este papel tan tierno,
                    como de aquel su cuidado,   425
                    porque viene perfumado

con pastillas del infierno.
Aquí le trujo la esclava
del serafín que visita,
pues está la retroescrita,   430
¿para qué me la negaba?
Porque se ha de enamorar
con él, no le ha de leer,
ni yo, para no lo ser,
de quien quisiera matar   435
con las manos y los dientes.

Don Juan Elena, si agora vengo
del campo, ¿qué culpa tengo
de esos locos accidentes?
Tener celos con razón,   440
no es mucho, pero sin ella,
quien lo quisiere, atropella
con tal determinación.

Elena Dice este señor muy bien,
y Pedro dirá que es justo,   445
y que no le den disgusto,
y yo lo diré también.
¿No es verdad, Pedro?

Pedro Señora,
no apruebo esa mansedumbre,
que callar con pesadumbre   450
arguye traición traidora.
¿Qué importa que Serafina
haya escrito este papel?

Elena Ser moreno y moscatel
es un flamenco en la China;   455

pero porque es necesario
que la historia se declare,
lo que de aquí resultare,
sabrá para otro ordinario.
Y solo por culpa mía   460
le digo a más no poder,
que mal haya la mujer,
que de palabras se fía.

Pedro   Espera un poco.

Elena   No hay poco,
                 sino mucha rabia y pena.   465

(Vase.)

Don Juan   Yo pienso, Pedro, que Elena
                 pretende volverme loco.

Pedro   No te espantes, si a sus manos
                 llegó este negro papel,
                 ya no blanco, pues lo es él   470
                 de celos tan inhumanos
                 declárate que es morir
                 andar templando el humor
                 deste jumento de amor.

(Salen Ricardo y Florencio.)

Ricardo   Esto le vengo a decir.   475

Florencio   Quedo, que está aquí don Juan.

Ricardo   A vuestro padre buscaba.

| Don Juan | Que es señor lo que mandáis, |
| | que presumo que descansa. |

Ricardo	Señor don Juan, he pensado	480
	que notan en esta casa
	que hable a esta esclava vuestra,
	porque la malicia humana
	siempre piensa lo peor,
	y que con esto se cansa	485
	de mí el señor Don Fernando.
	Y es que si con ella hablaba,
	era para reducilla
	por bien o por amenazas
	que ante la justicia diga	490
	los días que ha que me falta.
	Porque un día me la hurtó
	un soldado, que engañada
	con casamiento y amores,
	la embarcó y la trujo a España.	495
	Ella porque a caso os mira,
	niega, mas no importa nada,
	que la verdad siempre vence.

Don Juan	Y muchas veces se engañan
	los ojos, y puede ser	500
	que le parezca esta esclava
	a la que os llevó el soldado.

Ricardo	El nombre, el rostro y la habla,
	la ha de tener, sin ser ella.
	Yo bien pudiera sacarla,	505
	como lo haré, sin dinero,
	probando que es prenda hurtada;

pero por estar aquí,
y respetar vuestra casa,
daré el precio que costó.   510

Don Juan   Vuesa merced, su probanza
haga por allá, y no crea
que toda la plata indiana
será de Bárbara precio;
y en esto, pocas palabras,   515
porque siento que me burlen.

Ricardo   Todo lo que aquí se trata
es tan de veras, que presto
os lo dirá la probanza,
remitiendo a la justicia   520
lo que no es justo a la espada.

(Vase.)

Pedro   ¿Hay semejante maldad?

Don Juan   Mi paciencia ha sido tanta,
porque he pensado, y es justo,
que como los años pasan,   525
pensara este caballero
que esta es Bárbara, su esclava,
por el nombre y porque, a caso,
tendrá alguna semejanza
con la que en Indias tenía.   530

Pedro   Esa habrá sido la causa
de hablarla y de darte celos.

Don Juan   Confieso que me los daba,

como Serafina a Elena,
mas dime qué haré.

Pedro   Quitarla   535
          este necio pensamiento,
          de que con ella te casas.

Don Juan ¿Cómo?

Pedro   Hablando y regalando,
          y jurando que si hablas,
          juras y regalas, no es   540
          mar, monte, ni tigre hircana,
          sino mujer tierna, sola,
          que oye, entiende y ama.

Don Juan Que desdichados amores,
          cuando esto en Grecia pasara,   545
          no era mucho, pero es mucho
          entre Sevilla y Triana,
          temo su honor y mi vida.

(Sale Fabio.)

Fabio   Si albricias, señor, me mandas,
          sabrás las mejores nuevas   550
          que pudo esperar tu casa.

Don Juan Yo te las mando.

Fabio   Han de ser
          las que de tu mano aguardan
          mi servicio y mi deseo.

Don Juan   Di, presto.

Fabio   Vino la plata,   555
                  ¿pudo ser más presto?

Don Juan   ¿No hay cartas?

Fabio   Trujo la carta
                  Leonardo, y por las albricias
                  a Serafina, su hermana,
                  tu padre un diamante envía,   560
                  y allá no sé qué se tratan
                  los dos.

Don Juan   ¿Y quién llevó el diamante?

Fabio   Bárbara.

Pedro   De toda España
                  será esta plata el remedio,
                  suplirá, señor, las faltas   565
                  de las pasadas fortunas.

Fabio   Las albricias que me mandas
                  no te han de costar dinero.

Don Juan   ¿Qué quieres?

Fabio   Yo solo que vayas
                  y le pidas..., ¡ah, señor!   570

Don Juan   Di lo demás, ¿qué te paras?

Fabio   Que con Bárbara me case,

porque es india, aunque es esclava
y de gente principal.

Don Juan   Pedro, solo esto faltaba.   575

Pedro   Si quiere lo que tú quieres,
              milagros son de su cara.

Don Juan   ¿Hasla hablado?

Fabio   Ayer la hablé,
              y púsose como un nácar.

Don Juan   Ahora bien, a hablarla voy.   580

Fabio   Vivas más por merced tanta
              que un bando en ciudad pequeña.

Don Juan   Hoy se juntan mis desgracias,
              ¿qué habrá que no me persiga?

(Vase.)

Pedro   Brava mujer, Fabio.

Fabio   Brava.   585

Pedro   Tuya pienso que será,
              aunque el casamiento amansa.

(Vanse.)

(Sale Elena, Serafina y Finea.)

Serafina   Aquella ropa, Finea,
                  a Bárbara le darás,
                  y a tu señor le dirás   590
                  que el rico diamante emplea
                  en sola mi voluntad.

Elena   Y en vuestro merecimiento,
                  que aun le juzgo atrevimiento
                  si valiera una ciudad.   595

Serafina   ¿Ya, Bárbara, no me ves?,
                  solíamos ser amigas.

Elena   ¡Ay, señora, no lo digas,
                  por tu vida!, que después
                  que vino a casa don Juan,   600
                  mi señor, no tengo un punto
                  de descanso, porque junto
                  todo el trabajo me dan.
                  Piensas que la hacienda es poca,
                  todo es lavar, jabonar   605
                  y almidonar, no hay lugar
                  para ponerme una toca.

Serafina   Pues no se te echa de ver,
                  envidia tengo a tu aseo.

Elena   Antes, si os veis, como os veo,   610
                  de vós la podéis tener,
                  que si ya por él no fuera,
                  veros fuera mi placer.
                  ¿Pero cómo os puedo ver,
                  si nunca veros quisiera?   615

| Serafina | Eso que te cansa a ti, |
| | tuviera yo por regalo. | |

| Elena | Pues es para mí tan malo |
| | que vivo fuera de mí. | |

| Serafina | Yo, como quiero a don Juan, | 620 |
| | solo servirle deseo. | |

| Elena | Yo también, mas siempre veo |
| | que pesadumbre me dan. | |

Serafina	Poca tendrás, que ya está
	mi casamiento tratado;	625
	porque se ha desengañado
	Don Fernando de que ya
	es imposible volver
	al hábito que solía.	

Elena	Deseando estoy el día	630
	que don Juan tenga mujer,
	para pidir libertad.	

| Serafina | Tú la tendrás, si yo puedo. | |

| Elena | Si vós os casáis, ya quedo |
| | libre, iay, si fuese verdad! | 635 |

Serafina	Ruégalo, Bárbara, a Dios,
	y aunque yo no lo merezca,
	siempre que ocasión se ofrezca
	de que estéis juntos los dos,
	dile alabanzas de mí.	640

| Elena | ¡Y cómo si las diré! |

| Serafina | Un vestido te daré. |

| Elena | Como eso espero de ti. |

| Serafina | Enamórale, que puede
mucho una buena tercera. | 645 |

| Elena | Puesto que no lo estuviera,
tengo de hacer que lo quede. |

| Serafina | Pues abrázame, y a Dios. |

| Elena | Él os guarde, Reina mía. |

(Abrázanse.)

| Serafina | ¡Ay!, llegue Bárbara el día
que estemos así los dos. | 650 |

(Vase.)

| Elena | Cansose la fortuna en perseguirme,
que ya no tiene mayor mal que hacerme,
qué necia he sido yo, por mujer firme,
¿qué puedo ya perder, sino el perderme?
Vamos a donde salga a recibirme
aquel traidor que acaba de venderme,
que fundado en el gusto de engañarme
por matarme no acaba de matarme.
Entrando voy por esta casa agora,
como quien sube pasos a la muerte,
y a penas tiene ya de vida un hora, | 655

660 |

y en esa voy, dulce enemigo, a verte,
este yerro de amor que el amor dora,
esta crueldad de mi fineza advierte,   665
esta será blasón para mi nombre,
que ha de informar la ingratitud de un hombre.

(Sale Don Juan con gabán, como que se levanta, y Pedro.)

Don Juan   Muestra ese espejo.

Pedro   ¿A qué efecto,
                si está aquí Elena, señor?

Don Juan   Con la tapa del rigor   670
                no será el cristal perfeto.

Pedro   Criados hay por aquí,
                mirad los dos cómo habláis,
                que celosos no miráis
                en que os miren.

Don Juan   Es ansí,   675
                llega y ponme esta valona.

Elena   No quiero.

Don Juan   Qué buena esclava.

Elena   Cuando lo fuera, no estaba
                obligada mi persona
                a llegaros a la cara,   680
                eso es de propria mujer,
                llamadla que lo ha de ser,
                que a mí me cuesta muy cara.

Don Juan   Huélgome de que lo niegues,
                pues quedo como es razón,   685
                libre de la obligación.

Elena   Que la escritura me entregues
                aguardo.

Don Juan   ¿Cuál escritura?

Elena   Esa de tu casamiento,
                porque es el apartamiento   690
                que mi libertad procura.

Don Juan   No, sino lo que Ricardo
                dice que tiene de ti.

Elena   ¿Qué Ricardo?

Don Juan   Vino aquí
                ese tu amante gallardo,   695
                y dice que eres su esclava,
                y que un soldado te hurtó,
                y esto bien lo entiendo yo.

Elena   Pues no, si tan claro estaba.

Don Juan   ¿Y cómo, si es invención   700
                que entre los dos se ha tratado
                para irte sin cuidado
                de mi padre y tu opinión?

Elena   Cuando yo me quiera ir,
                ¿a dónde me han de buscar?   705

Don Juan	Pues yo me quiero vengar,	
	que sé amar, y no fingir,	
	llega, llega.	

Elena	Si llegara,	
	si en cada mano tuviera	
	cinco puñales.	

| Pedro | Hiciera | 710 |
| | rallo tu cara. | |

| Don Juan | Repara | |
| | en la crueldad con que vienes. | |

Elena	Qué importa que te quitara	
	la cara, pues te dejara	
	una de las dos que tienes.	715

| Pedro | Esta amistad quiere hacer. | |

| Elena | Con este principio. | |

| Pedro | Diome. | |

| Elena | Eso el alcagüete tome | |
| | mientras que le vuelvo a ver. | |

(Sale Don Fernando.)

| Don Fernando | ¿Qué es esto, Bárbara? | |

| Elena | Ha dado | 720 |
| | Pedro en requebrarme. | |

| Don Fernando | Ha hecho |
| | muy bien. |

| Pedro | Estoyme burlando. |

| Elena | Conmigo se burla el necio. |

Don Fernando
Don Juan, pues que ya estás vestido,
esta mañana vinieron   725
Leonardo y el escribano,
entra por tu vida adentro.
Firmaremos la escritura,
que los suyos y mis deudos
han ido por Serafina,   730
tu mujer, porque en sabiendo
que fue, por quien has dejado
aquel intento primero,
como ella propria me ha dicho,
y que siendo tu deseo,   735
no tuve que preguntarte.
Hicimos nuestro concierto,
con el secreto que es justo;
en fin, te casas sin suegro
y con veinte mil ducados.   740

Don Juan
Agora señor, tan presto,
mirémoslo más despacio.

Don Fernando
¡Por Dios, don Juan!, que no entiendo
tu condición, ni casado,
ni clérigo.

Don Juan
Yo no puedo   745

dejar de serte obediente,
pero digo que pensemos
si acertamos más despacio.

Don Fernando   ¿Si acertamos, majadero?,
                  ¿merecéis vós descalzar   750
                  a Serafina?, ¿qué es esto?
                  Dejáis cinco mil ducados
                  por ella, y agora, necio,
                  queréis quitarme el juicio.
                  Entrad dentro.

Don Juan   Voy. ¡Ay, Pedro!,   755
                  quédate aquí con Elena.

Pedro   Hablando de Elena quedo.

Don Fernando   ¡Ea!, Bárbara, esta casa
                  me poned como un espejo,
                  aderezad ese estrado.   760
                  ¿Tristeza?, ¿pues qué tenemos?,
                  ¿qué cara es esa?, no habláis,
                  días ha, perra, que os veo
                  muy triste y muy entonada.
                  Vós pensáis que no os entiendo,   765
                  érades ya la señora
                  y, con este casamiento,
                  os pesa que Serafina
                  a esta casa venga a serlo,
                  que desde que se trató,   770
                  andáis que es vergüenza veros.
                  Estábades enseñada
                  a hombre solo, pues poneos
                  de lado, que tengo nuera,

	que ha de tener el gobierno	775
	y las llaves de mi casa.	
	¿Pues que te parece, Pedro,	
	desta esclava?	

Pedro   Señor,
               tiene poco entendimiento.
               La mejor, cuando se emperra,   780
               tiene estos reveses, creo.

Don Fernando   Creo
               que la habremos de vender.

(Vase.)

Elena   ¿A dónde habrá sufrimiento
               para tan grandes fortunas?
               Ya no me bastaba, cielos,   785
               perder honra y opinión,
               sino pasar por desprecios
               de esclava, como si fuera
               verdad que lo soy, mas pienso
               que siempre lo fui, y el hombre   790
               que me ha perdido, es mi dueño.
               Pedro, ¿sabes tú quién soy?

Pedro   ¿Qué dices?

Elena   En algún sueño
               pensé que era de Triana
               una mujer que trujeron   795
               de México, allí, sus padres,
               su nombre, si bien me acuerdo,
               era doña Elena.

Pedro   Mira
             que este triste pensamiento
             te vuelve loca; no eres   800
             esclava, que amor te ha hecho
             herrar el rostro.

Elena   Es verdad;
             si bien dices, amor tengo;
             pero, ¿sin duda soy yo?,
             ¿sábeslo Pedro de cierto?   805

Pedro   ¡Pues no, y como sí lo sé!,
             y que el hierro que te han puesto
             te agradece mi señor,
             porque han mentido los celos
             si te dicen que pretende   810
             ese injusto casamiento
             de Serafina.

Elena   ¡Ah, traidor,
             fementido, infame, perro!,
             yo te quitaré la vida,
             que, como fuiste el tercero   815
             de sus amores, me engañas.

Pedro   Señora, envaina los dedos,
             que me has deshecho la cara,
             que se le antoje el pescuezo
             a una preñada, está bien;   820
             muerda, pero no con celos.

(Salen Leonardo y Finea, Serafina de la mano y deudos.)

Leonardo	¿Si habrá venido el notario?	
Finea	Aquí están Bárbara y Pedro.	
Serafina	¿Pero dónde está don Juan?	
Pedro	Pienso que están allá dentro él, su padre y el notario.	825
Serafina	Bárbara, no me hablas.	
Elena	Vengo a aderezar los estrados y componer los asientos para los jueces, que hoy han de sentenciar mi pleito.	830

(Salen Don Juan, Don Fernando, y el Notario.)

Notario	Solo resta que firméis, pues ya vino esta señora.	
Don Fernando	Mi Serafina, en buen hora esta vuestra casa honréis.	835
Elena	¡Que pueda yo estar aquí!, ¿qué perdón del Rey espero, si llega el cordel primero?	
Serafina	Señor, hoy tenéis de mí una esclava en vuestra casa.	840
Elena	Pues si ya esclava tenéis, ¿para qué a mi me queréis?	

Pedro

Calla hasta ver lo que pasa.

Elena

¿Cómo puedo yo callar?

Pedro

Tú lo has de echar a perder. 845

Elena

¿Pues qué me falta de hacer,
sino dejarlos casar?

Don Fernando

Pedro, ¿qué dice esa esclava?

Pedro

No sé qué pasión le dio
de tantos berros que cenó 850
si acaso en ellos estaba,
cual suele algún amapelo.

Don Fernando

Pues calle o llévela allá.

Notario

Sabed, señores, que está
la ejecución, quiera el cielo, 855
hecho por esta escritura,
concierto de voluntad
de entrambos.

Elena

¿Hay tal maldad?

Pedro

Calla, sufre, ten cordura,
¿no ves que la están leyendo, 860
y que la quieren firmar?

Elena

¿Qué me queda que esperar,
Pedro, si me estoy muriendo?

Pedro   Desde una reja miraba
               un canónigo en Toledo   865
               una mula que sin miedo
               de una peña en otra daba.
               Para despeñarse, al río,
               dábanse prisa al salir,
               y él, sin cesar de reír,   870
               daba en aquel desvarío,
               hasta verla despeñar,
               pero viendo como un rayo
               ir tras ella su lacayo,
               volvió el placer en pesar,   875
               sabiendo que era la suya.
               Y puesto, Elena, que sea
               comparación baja, y sea
               para la desgracia tuya,
               parece que está don Juan   880
               viéndote andar por las peñas,
               y que ha visto por las señas
               que ya mis ojos le dan,
               aunque el dolor disimula,
               para dar voces dispuesto,   885
               señores, acudan presto
               que se despeña mi mula.

Elena   Pues ya me ha desconocido,
               él me dejará caer.

Pedro   Ya acabaron de leer.   890

Elena   Yo he de perder el sentido.

Notario   Con este podéis firmar.
               Quítasela y rómpela.

Elena	Mas yo firmaré por él,	
	que con rasgar el papel,	895
	me acabo de despeñar.	

Elena
Mas yo firmaré por él,
que con rasgar el papel,   895
me acabo de despeñar.

Don Fernando
Suelta la escritura, loca.

Elena
Pues suélteme él a mí,
por quien el seso perdí.

Don Fernando
¡A qué dolor me provoca!   900

Don Juan
Temblando estoy; ¡si diré
quién es!

Notario
Toda la rompió.

Don Fernando
Llevadla de aquí.

Elena
Si yo
soy loca, la culpa fue
este traidor, que me ha dado   905
la causa porque lo estoy.

(Sale Fabio.)

Fabio
Esperad, que a decir voy,
señores, que habéis entrado.

Don Fernando
¿Qué es eso, Fabio?

Fabio
Aquí están,
señor, con un mandamiento,   910
para que se deposite

esta esclava.

Don Fernando   Entre su dueño,
                sin los que vienen con él,
                que este no es día de pleitos,
                y es mucha descortesía.   915

(Salen Ricardo y Florencio.)

Ricardo   Yo vine aquí, no sabiendo
                esta ocupación, señores,
                y que perdonéis os ruego,
                que yo volveré otro día.

Elena   Para que, si desde luego   920
                digo que mi dueño sois,
                y que como a tal os quiero,
                ¡ea!, vámonos de aquí,
                que cuanto decís, confieso.
                Que si negaba ser vuestra,   925
                fue la causa el amor ciego
                que en esta casa tenía,
                pero ya conozco el vuestro.
                ¡Ea!, ¿qué hacemos aquí?

Ricardo   Pues para que no entren dentro   930
                los que han venido conmigo,
                guardando el justo respeto,
                dadme, señores, licencia
                para que como su dueño
                lleve esta esclava a mi casa.   935

Don Juan   No pienso yo, caballero,
                que basta para llevarla

que ella con el mucho exceso,
de la locura en que ha dado,
diga que es vuestra.

Don Fernando   Sin esto.   940
son cuatrocientos escudos
los que han de venir, primero
que la saquen desta casa.

Ricardo   Si me la hurtaron, no tengo
obligación de pagarla.   945
Pésame de haberos puesto
demanda en esta ocasión;
pero esto tiene remedio,
depositándola en tanto
que averiguamos el pleito.   950

Don Juan   ¿Qué depósito mejor
se le puede dar que el nuestro?

Ricardo   Eso no, mas por los dos,
la tendrá el señor Florencio.

Elena   ¿Para qué?, si yo soy vuestra,   955
y lo digo y lo confieso,
y si en el dinero topa,
vénganlo luego a contar,
que el mismo en escudos tengo,
como lo dio Don Fernando.   960

Don Juan   Dejádmela hablar primero.
Oye a parte.

Elena   ¿Que me quieres?

Don Juan	Elena, aunque estás sin seso,	
	no igualas a mi locura,	
	porque entre tantos estremos	965
	de confusión divertido,	
	solo pensar me detengo,	
	como guardando tu honor	
	podemos hallar un medio	
	para que lleguen al fin	970
	tu esperanza y mi deseo.	

Elena	Oh, que gracioso letrado,	
	preguntalde el cuento a Pedro	
	del canónigo y su mula,	
	que estáis muy despacio viendo	975
	que voy al profundo pico	
	de la ingratitud que veo	
	en vuestra crueldad, don Juan,	
	de peña en peña cayendo.	
	¡Ea!, vámonos de aquí,	980
	Ricardo ha de ser mi dueño,	
	yo le daré posesión	
	de mi alma y de mi pecho.	
	Y tú, perro fementido,	
	quedarás trocando el hierro,	985
	por infamia de los hombres,	
	cobarde, vil caballero,	
	mal parecido a tu padre,	
	sino a quien...	

| Don Juan | Tente. | |

| Elena | No quiero. | |

| Don Juan | Tente, luz de aquestos ojos, | 990 |
| | mi bien, tente. | |

| Don Fernando | ¿Qué es aquello?, | |
| | ¿ojos y bien a una esclava? | |

| Ricardo | Vamos, Bárbara. | |

Don Juan	Teneos,	
	que os engaña el parecerse	995
	a quien piensas.	

| Ricardo | Lo que pienso | |
| | es que aquella esclava es mía. | |

| Don Juan | Mirad si el engaño es cierto, | |
| | pues es mi mujer. | |

| Don Fernando | ¿Quién? | |

| Elena | Yo. | |

Don Fernando	¿Mujer una esclava?, perro,	1000
	ioh, perro!, nunca viniera a mi casa,	
	llevalda, señor, os ruego,	
	llevalda, que yo os perdono	
	los escudos.	

Elena	Paso quedo,	
	que soy mejor que don Juan,	1005
	que por agradecimiento	
	de que dejase por mí,	
	dignidad, padres y deudos,	
	sabiendo que vós, airado,	

	por venganza o por desprecio,	1010
	queríades adoctar	
	por hijo y por heredero	
	de vuestra hacienda un esclavo,	
	desesperado consejo.	
	Hice que un criado mío	1015
	me vendiese, que este hierro	
	es fingido, como veis,	
	pues me lo quito tan presto.	
(Quítasele.)	Es doña Elena mi nombre,	
	vivo en Triana, no es tiempo	1020
	de cansar con relaciones	
	disculpas de caballeros,	
	que me tuvo por su esclava.	
	Y a esta señora le dejo	
	a don Juan, porque es muy justo.	1025
	Con que a Triana me vuelvo,	
	contenta de que he tenido	
	para ser valiente pecho,	
	esclava de su galán.	

Serafina

    La acción que a casarme tengo,   1030
señora, os doy por hazaña
de tanto valor.

Don Fernando

    Suspenso
de lo que mirando estoy,
digo que a don Juan le ruego,
la dé la mano y los brazos,   1035
porque tan heroicos hechos
merecen premios mayores.

Ricardo

    Señores, oigan a Pedro.

Don Juan	¿Qué quieres decir?
Pedro	Que aquí, senado ilustre y discreto,

1040

la esclava de su galán
da fin a servicio vuestro.

Fin de la comedia

Libros a la carta

A la carta es un servicio especializado para
empresas,
librerías,
bibliotecas,
editoriales
y centros de enseñanza;
y permite confeccionar libros que, por su formato y concepción, sirven a los propósitos más específicos de estas instituciones.

Las empresas nos encargan ediciones personalizadas para marketing editorial o para regalos institucionales. Y los interesados solicitan, a título personal, ediciones antiguas, o no disponibles en el mercado; y las acompañan con notas y comentarios críticos.

Las ediciones tienen como apoyo un libro de estilo con todo tipo de referencias sobre los criterios de tratamiento tipográfico aplicados a nuestros libros que puede ser consultado en Linkgua-ediciones.com.

Linkgua edita por encargo diferentes versiones de una misma obra con distintos tratamientos ortotipográficos (actualizaciones de carácter divulgativo de un clásico, o versiones estrictamente fieles a la edición original de referencia).

Este servicio de ediciones a la carta le permitirá, si usted se dedica a la enseñanza, tener una forma de hacer pública su interpretación de un texto y, sobre una versión digitalizada «base», usted podrá introducir interpretaciones del texto fuente. Es un tópico que los profesores denuncien en clase los desmanes de una edición, o vayan comentando errores de interpretación de un texto y esta es una solución útil a esa necesidad del mundo académico.

Asimismo publicamos de manera sistemática, en un mismo catálogo, tesis doctorales y actas de congresos académicos, que son distribuidas a través de nuestra Web.

El servicio de «libros a la carta» funciona de dos formas.

1. Tenemos un fondo de libros digitalizados que usted puede personalizar en tiradas de al menos cinco ejemplares. Estas personalizaciones pueden ser de todo tipo: añadir notas de clase para uso de un grupo de estu-

diantes, introducir logos corporativos para uso con fines de marketing empresarial, etc. etc.

2. Buscamos libros descatalogados de otras editoriales y los reeditamos en tiradas cortas a petición de un cliente.